Inhalt

100 % übersichtlich

Erleben Sie 100% Prag auf sechs Spaziergängen. Jedes Kapitel im 100%-City-guide ist einem Spaziergang gewidmet. Am Kapitelende finden Sie eine Karte mit der Kurzbeschreibung des Spaziergangs. Auf der Karte in der vorderen Umschlagklappe sehen Sie die sechs Kartenausschnitte im Überblick. Dort finden Sie anhand der Buchstaben Ⓐ – Ⓨ alle Hotels sowie die Sehens-würdigkeiten und Ausgehtipps, die nicht auf einem der Spaziergänge liegen.

In den sechs Kapiteln beschreiben wir ausführlich, welche Sehenswürdig-keiten Sie auf den Spaziergängen entdecken können und wo man gut essen, trinken, shoppen, feiern und relaxen kann. Alle Adressen sind mit einer Nummer gekennzeichnet, die Sie im Stadtteilplan am Ende des Kapitels wiederfinden. An der Farbgebung der Nummer können Sie erkennen, zu welcher Kategorie die jeweilige Adresse gehört:

● Sehenswürdigkeiten   ● Shoppen
● Essen & Trinken   ● 100% there

SECHS SPAZIERGÄNGE

Die Spaziergänge dauern ohne Besuch der genannten Sehenswürdigkeiten zwischen eineinhalb und drei Stunden. Die Länge des Spaziergangs hängt natürlich auch von der relativen Größe des jeweiligen Stadtteils ab, wie Sie anhand der Übersichtskarte in der vorderen Klappe feststellen können. Auf den einzelnen Stadtteilplänen sehen Sie den genauen Verlauf der Route und können deren Länge anhand des Maßstabes ungefähr bestimmen. Die Wegbeschreibung links neben dem Stadtplan führt Sie entlang der Sehenswürdigkeiten zu den schönsten Adressen. So entdecken Sie fast nebenbei die besten Shopping-Gelegenheiten, die nettesten Restaurants und die angesagten Cafés und Bars. Wer irgendwann keine Lust mehr hat, der Route zu folgen, kann aufgrund der ausführlichen Tipps und Pläne auch wunderbar auf eigene Faust Entdeckungen machen.

1 0 0 % P R A G

SPAZIERGANG 1: ALTSTADT
Schlendern Sie durch die romantischen Gassen der Prager Altstadt, bestaunen Sie die weltberühmte Astronomische Uhr, erleben Sie ein Konzert in einem historischen Konzertsaal und entdecken Sie, warum die "Goldene Stadt" UNESCO-Weltkulturerbe ist.

SPAZIERGANG 2: PRAGER BURG & HRADČANY
Die Prager Burg ist eines der größten geschlossenen Burgareale der Welt. Sie liegt auf einem Hügel und ist dank der Türme des Veitsdoms schon von Weitem zu sehen. Nach einer Besichtigung können Sie sich in den Gärten unterhalb der Burg herrlich erholen.

SPAZIERGANG 3: KARLSBRÜCKE & MALÁ STRANA
Überqueren Sie die berühmte Karlsbrücke, schlendern Sie durch Malá Strana und besuchen Sie die Insel Kampa mit ihren vielen Restaurants. Um der Hektik der Stadt zu entfliehen, steigen Sie einfach den Petřin-Hügel hinauf und sehen Sie dort, warum Prag auch die "Stadt der hundert Türme" genannt wird.

SPAZIERGANG 4: JÜDISCHES VIERTEL
Versteckt zwischen schicken Geschäften und Restaurants, liegen die Überreste des ehemaligen jüdischen Ghettos. Im Jüdischen Museum erfahren Sie alles über die Geschichte der Juden in Tschechien. Hier können Sie auch den Jüdischen Friedhof besichtigen. Beeindruckend!

SPAZIERGANG 5: NEUSTADT
Die Neustadt ist ein Viertel voller Leben. Nicht nur wegen der vielen Geschäfte, Theater, Kinos und Restaurants, sondern auch, weil hier richtig gelebt und ausgegangen wird. Ein Blick nach oben auf die prächtigen Fassaden im neo-gotischen Stil und Jugendstil lohnt sich.

SPAZIERGANG 6: VYŠEHRAD & VINOHRADY
Die Legende besagt, dass Prag in Vyšehrad gegründet wurde und Prinzessin Libuše der Stadt im 7. Jahrhundert eine große Zukunft vorhersagte. Die meisten Touristen schaffen es nicht bis nach Vyšehrad. Das ist schade, denn Vyšehrad liegt wunderschön auf einem Felsen über der Moldau.

1 0 0 % P R A G

In Prag gibt es so viel zu sehen und zu erleben – doch wo fängt man an? Bestimmt wollen Sie einen Spaziergang über die Karlsbrücke und entlang der Moldau machen sowie die berühmte astronomische Uhr besichtigen. Aber es gibt noch viel mehr zu entdecken: Gehen Sie zum Beispiel im schicken Ungelt shoppen, erleben Sie das jüdische Viertel, trinken Sie ein tschechisches Bier in einem der vielen Cafés und besuchen Sie abends eine Theateraufführung. Der 100-%-Cityguide zeigt Ihnen ganz genau, was Sie auf keinen Fall verpassen sollten. Sightseeing & Shopping, Ausgehen & Abenteuer – die übersichtlichen Stadtpläne weisen Ihnen den Weg.

AUF 6 SPAZIERGÄNGEN 100% PRAG ERLEBEN.

PREISANGABEN BEI HOTELS UND RESTAURANTS

Um Ihnen eine Vorstellung der Hotel- und Restaurantpreise zu geben, finden Sie bei den Anschriften stets auch die Preise in tschechischen Kronen. Der Wechselkurs für die tschechische Krone (Kč) schwankt, Sie können jedoch von ungefähr 1 € = 25 Kron (kč) ausgehen. Bei Hotels beziehen sich die Beträge (sofern nicht anders angegeben) auf den Preis für ein Doppelzimmer pro Nacht einschließlich Frühstück. Bei den teuren Hotels lohnt es sich, auch noch einmal auf deren Webseite nachzusehen. Bei den Restaurants wird jeweils der Durchschnittspreis für ein Hauptgericht genannt.

TSCHECHISCHE GEWOHNHEITEN

In Prag gibt es inzwischen viele Restaurants. Gab es früher vor allem traditionelle Bierstuben, so sind in den letzten Jahren viele internationale Restaurants, Cocktailbars und trendy Cafés dazugekommen. Die Mahlzeiten sind, im europäischen Vergleich, sehr preisgünstig. In einer Bierstube kostet ein Hauptgericht zum Beispiel umgerechnet nur fünf Euro. In diesen günstigeren Restaurants ist es üblich, sich am Tisch mit anderen Gästen zusammenmensetzen, wenn noch Plätze frei sind. In Tschechien räumen die Kellner die Teller sofort ab, denn es gilt als unhöflich, einen leeren Teller oder ein leeres Glas stehen zu lassen.

Das tschechische Nationalgericht ist gebratenes Schweinefleisch mit Sauerkraut und Klößen. Auch Gulasch findet man oft auf der Karte. Die Hauptmahlzeit des Tages essen die Tschechen um ungefähr 12.00 Uhr, und die meisten Restaurants bieten unter der Woche ein Mittagsmenü an. Das besteht normalerweise aus einer Suppe, gefolgt von Fleisch mit Klößen, Kartoffeln oder Reis. Das Frühstück und das Abendessen fallen in Tschechien eher klein aus. Zu jeder Mahlzeit in Tschechien gehört ein Bier (*pivo*). Die Tschechen trinken dann auch weltweit das meiste Bier: durchschnittlich 160 Liter pro Kopf und Jahr. Wenn Sie ein Bier bestellen, bekommen Sie automatisch einen halben Liter, sagen Sie dem Kellner also vorher, wenn Sie ein kleineres Glas haben möchten. Kleine Bierlokale erkennen Sie am Wort *pivnice*, Pubs sind mit dem Wort *hospoda* gekennzeichnet und Weinkeller mit *vinárna*. In Tschechien ist es üblich, ein Trinkgeld von 5 bis 10 % des Totalbetrags zu geben. Man schlägt das Trinkgeld direkt auf die Rechnung drauf, anstatt es auf den Tisch zu legen.

NATIONALE FEIERTAGE

Neben Weihnachten, Ostern und Neujahr gibt es in Tschechien die folgenden Feiertage:

1. Mai	Tag der Arbeit
8. Mai	Befreiungstag (1945)
5. Juli	Tag der slawischen Glaubensboten Kyrill und Method
6. Juli	Jan-Hus-Tag
28. September	Tag der tschechischen Staatlichkeit/Todestag des hl. Wenzel
28. Oktober	Nationalfeiertag/Tag der Staatsgründung
17. November	Erinnerungstag an den Fall des Kommunismus
24. Dezember	Heiligabend

Die meisten Sehenswürdigkeiten und Restaurants sind während dieser Feiertage ganz normal geöffnet, außer an den Weihnachtstagen. Der wichtigste Weihnachtstag ist der 24. Dezember. Die meisten Sehenswürdigkeiten und Restaurants schließen dann schon um 16:00 Uhr, damit jeder rechtzeitig zum Weihnachtsessen mit Karpfen und Kartoffelsalat zu Hause ist. Am 1. und 2. Weihnachtstag sind die meisten Sehenswürdigkeiten und Restaurants in Prag wieder geöffnet.

HABEN SIE NOCH TIPPS?

Wir haben diesen Reiseführer mit großer Sorgfalt zusammengestellt. Da das Angebot an Geschäften und Restaurants in Prag jedoch regelmäßig wechselt, kann es sein, dass eine Empfehlung nicht mehr existiert. In diesem Fall oder wenn Sie andere Anmerkungen oder Fragen zu diesem 100%-Cityguide haben, gehen Sie bitte auf unsere Webseite *www.100travel.de/prag*. Dort finden Sie ein Forum, in welchem Sie mit unserer Redaktion in Kontakt treten können. Sie finden dort auch viele aktuelle Tipps und zusätzliche Informationen unserer Autoren zum Thema Prag und können sich mit anderen Prag-Besuchern direkt austauschen.

Last but not least möchten wir noch bemerken, dass keine der vorgestellten Adressen für ihre Erwähnung bezahlt hat, weder für den Text noch für die Fotos. Alle Texte wurden von einer unabhängigen Redaktion geschrieben.

Hotels

Romantische Hotels, große internationale Hotelketten, Pensionen oder eine kleine Mietwohnung – in Prag haben Sie die Wahl. Der Durchschnittspreis für ein Hotelzimmer liegt bei rund 2000 Kronen. Wer jedoch eine Unterkunft etwas außerhalb des Zentrums wählt, bezahlt gleich viel weniger. Die Preise sind natürlich auch saisonabhängig: Von April bis Juni und im September und Oktober ist in Prag Hochsaison. Auch Weihnachten und Neujahr zählen zur Hochsaison. Juli und August gelten als mittlere Saison und der Rest des Jahres als Nebensaison. Wir empfehlen Ihnen, sich verschiedene Webseiten anzusehen, um eine Unterkunft zu finden, die genau Ihren Wünschen und Ihrem Budget entspricht. Die folgenden Webseiten bieten eine gute Übersicht: *www.hotel.cz, www.andel3w.dk.*

Die folgenden Hotels sind unsere Lieblingshotels. Einige sind besonders gut gelegen, andere sehr schön eingerichtet und wieder andere preisgünstig. Die Buchstaben-Kennzeichnung der Hotels finden Sie vorne in der Übersichtskarte des 100 %-Cityguides.

NIEDRIGE PREISKLASSE

Ⓐ Die Zimmer des **Czech Inn** hat die Architektin Olga Novotná eingerichtet – mit klaren Formen, viel Beton, Holz und Stahl. Alle Badezimmer verfügen über eine große Regendusche. Es gibt neben den Hotelzimmern auch noch Appartements und Schlafsäle. Unten in der gemütlichen Bar bekommt man Cocktails und leichte Mahlzeiten. Ein perfekter Mix aus Hostel-Atmosphäre und Hotel-Luxus.
francouzská 76, www.czech-inn.cz, telefon: 2 67267600, preis: zimmer ab 1500 kč, appartement ab 1900 kč, straßenbahn: 4, 22 krymska

Ⓑ Die **Pension Museum** ist sehr zentral gelegen, ganz in der Nähe des Wenzelsplatzes. Alle Zimmer haben ein eigenes Bad, Fernseher, Kühlschrank und einen Blick auf den ruhigen Innenhof. Die Zimmer bestechen durch ein helles und modernes Design.
mezibranská 15, www.pension-museum.cz, telefon: 2 96325186, preis: ab 1700 kč, u-bahn: muzeum

CZECH INN Ⓐ

ⓖ HOTEL JOSEF

ⓒ Nur ein paar Schritte vom Alten Stadtplatz entfernt, in einem schönen historischen Gebäude, liegt das **Hotel Černý Slon**. Es gibt 13 kleine, gemütliche Zimmer und einen hübschen Garten. Das Hotel befindet sich in der Nähe einer Kirche. Bevor Sie buchen, überlegen Sie sich gut, ob Sie morgens um sechs Uhr schon das Läuten der Kirchenglocken ertragen können.

týnska ulička 1, www.hotelcernyslon.cz, telefon: 2 22321521, preis: ab 1800 kč, u-bahn: náměstí republiky

MITTLERE BIS HOHE PREISKLASSE

(D) Das **Hotel Leonardo** liegt mitten in der Altstadt. Schöne Dielen, antike Möbel, Badezimmer aus Marmor und ein traumhafter Innenhof machen einen Aufenthalt im Hotel Leonardo besonders angenehm. Das Hotel ist nur ein paar Häuserblöcke vom Fluss entfernt – ideal, um abends noch zu einem roman-tischen Spaziergang aufzubrechen.
karoliny světlé 27, www.hotelleonardo.cz, telefon: 2 39009239, preis: ab 2000 kč, straßenbahn: 17 karlovy lázně

(E) Im Erdgeschoss des **Hotel Antik** befindet sich, wie sollte es anders sein, ein Antiquitätengeschäft. Auch der Rest vom Hotel strahlt eine gemütliche, antike Atmosphäre aus. Es gibt zwölf kleine Zimmer und einen herrlichen Garten, in dem das Frühstück serviert wird. Die Lage mitten im jüdischen Viertel ist ideal für Besichtigungstouren.
dlouhá 22, www.hotelantik.cz, telefon: 2 22322288, preis: ab 2500 kč, u-bahn: náměstí republiky

(F) Große Badezimmer aus Marmor, eine kostenlose Minibar, Personal Trainer, Friseure und eine herrliche Dachterrasse gibt es im **Hotel Savoy**. Bruce Willis, David Bowie, Tina Turner und Prinzessin Caroline von Monaco: sie alle haben hier schon eine Nacht verbracht. Trotz des Luxus sind die "normalen" Zimmer bezahlbar. Wenn Ihnen der Sinn nach mehr Luxus steht, dann nehmen Sie die Präsidenten-Suite.
keplerova 6, www.hotel-savoy.cz, telefon: 2 24302430, preis: ab 3500 kč, straßenbahn: 22 pohořelec

(G) Wenn Sie es gerne stylish und modern mögen, dann fühlen Sie sich im **Hotel Josef** ganz sicher wohl. Alle Zimmer hat die tschechische Designerin Eva Jiricna entworfen, die schon in London, Paris und New York mit großen Projekten aufwarten konnte. Die Zimmer sind sehr schick eingerichtet: besonders die Badezimmer mit der Trennwand aus Glas sind ein echter Blickfang! Auf allen Zimmern gibt es außerdem kostenloses Internet. Das Hotel liegt sehr zentral und bis zum Alten Stadtplatz geht man nur 5 Minuten.
rybná 20, www.hoteljosef.com, telefon: 2 21700111, preis: ab 2750 kč, u-bahn: náměstí republiky

(H) Das exklusive **Hotel U Zlaté Studně** liegt wie im Märchen zwischen der Prager Burg und dem Ledebour-Garten. Die zwanzig Zimmer sind mit hübschen, authentischen Reproduktionen antiker Möbel aus dem 17., 18. und 19. Jahrhundert eingerichtet. Die Luxuszimmer haben Jacuzzi. Der Höhepunkt der Romantik ist das Restaurant auf der obersten Etage. Hier haben Sie einen beeindruckenden Blick über die Dächer von Prag.
u zlaté studně 166, www.zlatastudna.cz, telefon: 2 57011213, preis: ab 4000 kč, u-bahn: malostranská

(I) Das **Hotel Ungelt** liegt mitten im schicken Einkaufsviertel Ungelt. Es gibt zehn Appartments, wovon jedes mit einem oder zwei Schlafzimmern, einer Lounge, einer kleinen Küche und einem Badezimmer ausgestattet ist. Der älteste Teil des Gebäudes besteht schon seit dem 12. Jahrhundert. Die vielen Kronleuchter und die Inneneinrichtung strahlen eine exklusive und stilvolle Atmosphäre aus. Die Preise verstehen sich inklusive Frühstück auf dem Zimmer sowie gratis Internetzugang.
malá štupartská 1, www.ungelt.cz, telefon 2 24828686, preis: ab 5000 kč, u-bahn: náměstí republiky

(J) In Prag gibt es nicht nur die Buddha-Bar, sondern auch das **Buddha-Bar Hotel**. Die Zimmer sind extrem luxuriös eingerichtet – mit weichen Betten, einem Luxus-Badezimmer mit *buddhattitude*-Badeprodukten und einem Fernseher im Spiegel. Abends wird Ihr Bett vorbereitet und Sie bekommen eine Praline und eine Orchidee auf Ihr Kopfkissen gelegt. Im Hotel gibt es einen Fitnessraum und ein Spa und Sie können sogar einen Masseur auf Ihr Zimmer bestellen. Luxus pur.
jakubská 8, www.buddhabarhotelprague.com, telefon: 2 21776300, preis: ab 5000 kč, u-bahn: náměstí republiky

(K) Musikliebhaber sind im **Hotel Aria** genau richtig. Die vier Etagen haben jeweils ein Musikgenre zum Thema: Jazz, Oper, klassische Musik und Pop. Darüber hinaus ist jedes Zimmer einem speziellen Musiker gewidmet. Es versteht sich von selbst, dass die entsprechende Musikrichtung auch aus der Stereoanlage im Zimmer ertönt.
tržíště 9, www.ariahotel.net, telefon: 2 25334111, preis: ab 5500 kč, straßenbahn: 12, 20, 22 helichova

Transport

Eine Fahrt vom **Flughafen** Ruzyně ins Zentrum (Náměstí Republiky) dauert ungefähr 40 Minuten. Am besten nehmen Sie hierfür ein **Taxi**. Am Flughafen gibt es einen Schalter, an dem man die Flughafentaxis bestellen kann (Tel. 220 113 892 (Radiocab Taxi) oder Tel. 222 333 222 (AAA Taxi), täglich geöffnet von 8.00-23.00 Uhr. Am besten besprechen Sie im Voraus mit dem Fahrer den Preis. Diesen können Sie aber auch am Informationsschalter des Flughafens berechnen lassen. So haben Sie einen Beleg, wenn Sie das Gefühl haben, zu viel bezahlt zu haben. Eine Taxifahrt kostet ca. 28 Kronen pro Kilometer, der Fahrpreis zum Zentrum sollte darum nie höher als 600 Kronen sein.

Wenn Sie ein Taxi innerhalb der Stadt nehmen wollen, gilt: immer vorher den Preis absprechen oder darauf achten, dass das Taximeter eingeschaltet ist. AAA Radio Taxi (Tel. 14 014 oder 222 333 222), Profi Taxi (Tel. 261 314 151), Airport Cars (Tel. 220 113 892) und Halo Taxi (Tel. 244 114 411) sind zuverlässige Taxiunternehmen.

Natürlich können Sie auch mit öffentlichen Verkehrsmitteln vom Flughafen in die Stadt fahren. Nehmen Sie dazu den **Bus** 119 bis zur U-Bahn-Station Dejvická und fahren Sie dann mit der U-Bahnlinie A ins Zentrum oder nehmen Sie den Bus 100 bis Zličín und fahren Sie von dort aus mit der U-Bahnlinie B ins Zentrum.

Die **U-Bahn** ist das wichtigste öffentliche Verkehrsmittel in Prag. Sie fährt von 5.00 Uhr morgens bis Mitternacht. Es gibt drei Linien: die grüne A-Linie, die gelbe B-Linie und die rote C-Linie.

In Malá Strana gibt es keine U-Bahn-Station, dafür aber **Straßenbahnen**. Die Straßenbahnen fahren alle 10 bis 20 Minuten, und auch nachts gibt es einige Nacht-Straßenbahnen. Um ein Außenviertel zu besuchen, ist der Bus am praktischsten.

Fahrkarten für die U- und Straßenbahn bekommen Sie in der Ankunftshalle des Flughafens, an Automaten in den U-Bahn-Stationen, an den größeren

Straßenbahnhaltestellen, in Zeitschriftenläden, bei Trafiky-Kiosken oder in Hotels. Sie müssen die Fahrkarte vor der Fahrt an einem der gelben Automaten entwerten (nicht vergessen!). Die Gültigkeitsdauer variiert je nach Karte. Es gibt Karten zu 18 Kronen (20 Min. gültig in Straßenbahn und Bus, fünf U-Bahnstationen, ohne Umsteigen) und Karten zu 26 Kronen (75 Min. gültig). Mit letzterer dürfen Sie auch umsteigen. Zusätzlich gibt es 24-Stunden-Karten zu 100 Kronen, 3-Tages-Karten zu 330 Kronen und 5-Tages-Karten zu 500 Kronen. Achten Sie darauf, dass Sie für Gepäckstücke, die größer als 25 x 45 x 70 cm sind, ein Zusatzticket zum Preis von 13 Kronen kaufen müssen.

Altstadt

Mittelalterlicher Glanz in der "Goldenen Stadt"

Das ganze Zentrum der "Goldenen Stadt" Prag wurden von der UNESCO zum Weltkulturerbe ernannt. Vollkommen zu Recht. Denn die Altstadt (Staré Město) ist seit dem 10. Jahrhundert das Zentrum Prags und hat sich seitdem zu einem der größten historischen Stadtkerne Europas entwickelt. Das Stadtbild mit all seinen monumentalen Gebäuden, Kirchen und Türmen ist geschützt und deshalb dürfen hier keine neuen Gebäude gebaut werden, die höher als 70 m sind.

Östlich des Flusses Vltava, besser bekannt als die Moldau, liegt die Altstadt – ein Labyrinth aus verwinkelten Gassen rund um den Alten Stadtplatz. Dieser Platz, das Zentrum der Altstadt, war bis zum Beginn des 20. Jahrhunderts der wichtigste Marktplatz Prags. Heute ist er vor allem wegen seiner Astronomischen Uhr aus dem Jahr 1410 sehr beliebt. Zu jeder vollen Stunde versammeln sich hier Touristenscharen: Dann öffnet sich eine kleine Tür in der Uhr, und nacheinander kommen die zwölf Apostelfiguren zum Vorschein.

1

In der gesamten Altstadt gibt es kleine Geschäfte, die typisch tschechische Souvenirs verkaufen, zum Beispiel Kristall-, Steingut- und Bernstein-Handwerk sowie Malereien und Holzspielzeug. Obwohl viele Läden die immer gleichen Souvenirs anbieten, kann man mit etwas Glück eine Rarität finden. In der Einkaufsstraße Na Příkopě sind die internationalen Modehäuser vertreten; Cafés, Weinbars und Bierlokale dagegen sind über die ganze Altstadt verteilt. So kann man einen aufregenden Tag in Prag wunderbar bei einem echt tschechischen Bier beenden.

Ideal für eine Pause: Wer durch die mittelalterlichen Gassen schlendert, bekommt oftmals Broschüren in die Hand gedrückt, in denen Kirchenkonzerte angekündigt werden, die noch am selben Tag stattfinden. Ebenfalls ein Tipp für Klassik-Freunde ist die prunkvolle Smetana Hal im Obecní Dům - eine traumhafte Kulisse für Konzerte. Theater- und Opernliebhaber kommen bei einer Vorstellung im Stavovské Divadlo, Prags ältestem Theater, auf ihre Kosten.

6 Insider-Tipps

Astronomische Uhr

Die Apostelparade am
Alten Rathaus bestaunen.

Modernista

Ein tschechisches
Designerstück kaufen.

Obecní Dům

Kunstvolle
Jugendstilarchitektur
bewundern.

**Museum des
Kommunismus**

Einen Blick hinter den
Eisernen Vorhang werfen.

Havelská Tržnice

Sich auf dem Markt
treiben lassen.

Le Terroir

In einem unterirdischen
Restaurant zu Abend essen.

Sehenswürdigkeiten

Shoppen

 Essen & Trinken

 100 % there

Sehenswürdigkeiten

(1) Das Gemeindehaus **Obecní Dům** ist ein Vorzeigestück der Jugendstil-architektur – von der Inneneinrichtung bis hin zur mosaikverzierten Fassade. Erbaut wurde es zwischen 1905 und 1911 unter Einbeziehung aller wichtigen Künstler der Region. Im Zimmer des Bürgermeisters kann man die schönen Wandmalereien von Alfons Mucha bewundern, im stilvollen Café **Kavárna Obecní Dům** verzaubert tschechisches Art nouveau. Im oberen Stockwerk des Obecní Dům befindet sich der **Smetana-Saal**, Prags größte Konzerthalle.

náměstí republiky 5, www.obecni-dum.cz, telefon: 2 22002101, geöffnet: täglich 7.30-23.00, geführte führungen durch das bürgermeisterzimmer und weitere säle zu verschiedenen zeiten, reservierungen beim kultur- und informationszentrum im obecní dům, täglich 10.00-19.00, eintritt: erwachsene 270 kč, studenten/senioren 240 kč, familien 380 kč, u-bahn: náměstí republiky

(2) Der **Pulverturm** (Prašná Brána) wurde 1475 als prunkvolles Stadt-tor errichtet. Als König Vladislav II acht Jahre später aus der Stadt fliehen musste, wurde der Bau zunächst unterbrochen. Erst 1875 wurden die Bauarbeiten fortgesetzt, und der Turm erhielt seinen neugotischen Stil. Im 17. Jahrhundert lagerte man hier Schießpulver, daher auch der Name. Über eine schmale, dunkle Wendeltreppe kann man den Turm besteigen und wird mit einer tollen Aussicht belohnt. Im Turm selber befindet sich eine Ausstellung über das Alltagsleben im mittelalterlichen Prag.

na příkopě, www.prazskeveze.cz, telefon: 7 24911556, geöffnet: täglich, nov.-febr. 10.00-18.00, apr.-sept. 10.00-20.00, okt. & märz 10.00-20.00, letzter einlass 30 min. vor schließung, eintritt: erwachsene 70 kč, studenten/senioren /kinder 50 kč, familien 200 kč, u-bahn: náměstí republiky

(7) Die Turmspitzen der **Týn-Kirche** (Kostel Panny Marie Před Týnem) sind die Wahrzeichen der Altstadt. Der Bau der Kirche begann 1365 und wurde von den Bürgern selbst finanziert. Wenn Sie die Kirche besuchen, sollten Sie auf die faszinierende Innengestaltung achten. Gotischer Stil, Renaissance- und Barockstil sind hier bunt gemischt.

týnská, štupartská, telefon: 2 22318186, geöffnet: besichtigungen di-sa 10.00-13.00 und 15.00-17.00, eintritt: frei, u-bahn: staroměstská

(11) **Celetná**, die Fußgängerzone zwischen dem Pulverturm und dem Alten Marktplatz, bildet den ersten Teil des sogenannten Königsweges. Diese Strecke mussten die neuen Könige am Tage ihrer Krönung abschreiten. Der Königsweg führt vom Pulverturm über die Prager Burg zum Veitsdom. Die Celetná wirkt mit all ihren Souvenirläden auf den ersten Blick wie eine typische Touristenmeile, aber bleiben Sie mal kurz stehen und schauen Sie nach oben: Dort sehen Sie wunderschöne barocke und gotische Fassaden, die 1987 liebevoll restauriert wurden.

celetná, u-bahn: náměstí republiky

(12) Wo die Celetná und die Ovocný trh aufeinandertreffen, befindet sich eines der ersten kubistischen Gebäude Prags. Das Haus bei der Schwarzen Madonna (Dům U černé Matky Boží) mit der Hausnummer 34 wurde 1912 als Kaufhaus mit einem kubistischen Café im ersten Stock errichtet. Das Café gibt es noch heute, in den anderen Stockwerken jedoch ist mittlerweile das **Museum des tschechischen Kubismus** untergebracht. Hier kann man Malereien, Zeichnungen und Beispiele kubistischer Architektur sowie Möbel und tägliche Gebrauchsgegenstände bekannter tschechischer Kubisten wie zum Beispiel Antonín Procházka, Josef Čapek, Otto Gutfreund und Pavel Janák bestaunen.

ovocný trh 19, www.ngprague.cz, telefon: 2 24211746, geöffnet: di-so 10.00-18.00, eintritt: erwachsene 100 kč, studenten/senioren 50 kč, familien 150 kč, u-bahn: náměstí republiky

(14) Zwischen all den großen Modehäusern in der Na Příkopě versteckt sich das **Museum des Kommunismus**. Das Museum gibt einen guten, manchmal auch schockierenden Einblick in das Leben unter dem kommunistischen Regime. Vor allem das nachgestellte Verhörzimmer und der Film am Ende der Ausstellung sind schaurig-beeindruckend.

na příkopě 10, www.museumofcommunism.com, telefon: 2 24212966, geöffnet: täglich 9.00-21.00, eintritt: erwachsene 180 kč, studenten 140 kč, kinder bis 10 j. frei, u-bahn: můstek

X

㉕ Die **Astronomische Uhr** ist eine absolute Touristenattraktion. Sie befindet sich im Giebel des Alten Rathauses auf dem Alten Stadtplatz und ist dank der vielen Touristen, die die Uhr bestaunen, einfach zu finden. Zu jeder vollen Stunde beginnt das Spektakel von Neuem: Ein kleines hölzernes Heiligenbild erscheint nach dem anderen – die zwölf Apostel! Die Legende besagt, dass dem Handwerker Hanůs, der als Letzter an der Uhr arbeitete, das Augenlicht genommen wurde, damit er keine Kopie der Uhr anfertigen konnte.
staroměstské náměstí, u-bahn: staroměstská, můstek

(26) Das **Alte Rathaus** (Staroměstská Radnice) besteht aus mehreren, miteinander verbundenen Häusern verschiedener Baustile. Jedes Mal, wenn der Stadtrat wieder Geld hatte, wurde ein Nachbarhaus gekauft und dem Rathaus hinzugefügt. Am besten nehmen Sie an einer Führung teil, die Sie erst durch die unterirdischen Fundamente, dann durch verschiedene Säle bis zur Kapelle bringt, in der Sie die Rückseite der Astronomischen Uhr sehen können. Vom **Rathausturm** haben Sie einen fantastischen Blick über den Alten Stadtplatz sowie die Gassen und Dächer der Altstadt.

staroměstské náměstí 1, www.prazskeveze.cz, telefon: 7 24508584, geöffnet: rathaus mo 11:00-18:00, di-so 9:00-18:00, turm mo 11:00-20:00, di-so 9:00-22:00, eintritt: rathaus erwachsene 100 kč, studenten/senioren/kinder 80 kč, familien 200 kč, turm erwachsene 100 kč, studenten/senioren/kinder 50 kč, familien 200 kč, u-bahn: staroměstská

(28) Das ehemalige Jesuitenkloster, das **Clementinum**, ist einer der größten Gebäudekomplexe Europas. Es besteht unter anderem aus fünf Innenhöfen, zwei Kirchen, einem astronomischen Turm und der tschechischen Nationalbibliothek. Tipp: Die Führungen umfassen den Astromischen Turm sowie die Spiegelkapelle (Zrcadlová Kaple) und die Bibliothek.

křižovnická 190, karlova 1 & maríanské náměstí 5, www.klementinum.com, telefon: 2 22220879, geöffnet: täglich 10.00-18.00, führungen täglich jan.-märz & okt. 10.00-17.00, apr. & sept. 10.00-18.00, mai 10.00-19.00, juni-aug. 10.00-20.00, dez. 10.00-16.00, eintritt: erwachsene 220 kč, studenten/kinder 140 kč, u-bahn: staroměstská

(30) 1391 wurde den Prager Reformisten erlaubt, eine Kirche zu bauen, in der der Gottesdienst auch auf Tschechisch abgehalten werden durfte und nicht nur- wie bisher- in Lateinisch. Der Name dieser innovativen Kirche: **Bethlehemkapelle** (Betlémská Kaple). Von 1402 bis 1412 predigte hier Jan Hus. Nach einem Brand ließen die Jesuiten die Kirche 1786 abreißen; wiederaufgebaut wurde sie erst im Jahr 1952 – nach einer originalgetreuen Kopie der alten Bethlehemkapelle.

betlémské náměstí 3, telefon: 2 24248595, geöffnet: apr.-okt. täglich 10.00-18.30, nov.-märz di-so 10.00-17.30, eintritt: erwachsene 50 kč, studenten/ senioren/kinder 30 kč, kinder bis 10 j. frei, u-bahn: národní třída

Essen & Trinken

(5) "If you like fish, you won't be able to resist", schrieb die *New York Times* über das **Rybí trh**. Und da wird sicher niemand widersprechen, denn das Rybí trh ist eines der besten Fischrestaurants in Prag. Probieren Sie zum Beispiel tschechischen Zander mit Pfifferlingen. Herrlich!
týnský dvůr 5, www.rybitrh.cz, telefon: 2 24895447, geöffnet: täglich 11.00-23.00, preis: 700 kč, u-bahn: náměstí republiky

(15) Nach dem Shoppen kommt man im **Café No. 1** schnell wieder zu Kräften – bei einem köstlichen Kaffee zwischen Designerstücken und bunten Wänden.
28. října 9, www.cafeno1.cz, telefon: 2 24231036, geöffnet: täglich 8.30-23.00, preis: 150 kč, u-bahn: můstek

(19) Ganz wie in einem altmodischen Wohnzimmer fühlt man sich bei **U Modré Kachničky II**: Teppiche an den Wänden, antike Möbel, bestickte Gardinen und dekorative Trennwände sind eine authentische Kulisse für traditionelle tschechische Gerichte und Wildspezialitäten.
michalská 16, www.umodrekachnicky.cz, telefon: 2 24213418, geöffnet: täglich 11.30-23.30, preis: 500 kč, u-bahn: můstek, staroměstská

(20) Der Name **Propaganda** lässt es schon erahnen: An den Wänden hängen alte Propagandaposter aus kommunistischen Zeiten. Bilder von Lenin dürfen natürlich nicht fehlen. Nehmen Sie sich die Zeit, suchen Sie einen Tisch in einem der sieben Keller und betrachten Sie ausgiebig die einzigartigen Sammlerstücke des Gründers vom Museum of Communism.
michalská 12, www.propagandapub.cz, telefon: 2 42480728, geöffnet: täglich 17.00-2.00, preis: 185 kč, u-bahn: můstek, staroměstská

(23) Bei **Country Life** können Sie sich Ihren Teller bis zum Rand mit vegetarischem Essen füllen, das dann an der Kasse abgewogen wird. Quelle des Vegetarierglücks: der angrenzende Bioladen, der zu den bekanntesten Prags zählt. Hier gibt es außerdem Öle, Salate und Tofuburger.
melantrichova 15, www.countrylife.cz, telefon: 2 24213366, geöffnet: mo-do 9.00-19.30, fr 10.30-17.00, so 12.00-18.00, preis: 150 kč, u-bahn: můstek, staroměstská

CHOCO CAFÉ U CERVENE ZIDLE ㉜

㉗ Liebhaber der brasilianischen Küche (und damit alle Fleischfans) gehen am besten ins **Brasileiro**. Hier kann man unbegrenzt gegrilltes Fleisch, aber auch Fisch essen. Auf dem Tisch liegt eine Karte mit einer roten und einer grünen Seite. Wenn Sie die grüne Seite nach oben legen, bekommen Sie einen Nachschlag. Wenn Sie genug haben, dann legen Sie einfach die rote Seite nach oben. Essen, bis einem der Magen schmerzt! .
u radnice 8, www.ambi.cz, telefon: 2 24234474, geöffnet: täglich 11.00-0.00, preis: lunch 495 kč, abendessen 645 kč, u-bahn: staroměstská

(29) Das **Le Terroir** besteht aus einem versteckten Innenhof, einer zum Teil einsehbaren Küche, einem Weinkeller und einer Käsekammer – das Letzte entdecken Sie, wenn Sie hinunter in die "Höhle" laufen. Mit seiner ausgesprochen romantischen Atmosphäre eignet sich das Le Terroir hervorragend für ein Abendessen zu zweit.

vejvodova 1 (eingang bei jilská), www.leterroir.cz, telefon: 2 22220260, geöffnet: di-sa 11.00-23.00, biergarten bis 22.00, preis: drei-gänge-menü 1290 kč, sechs-gänge-menü 1790 kč , u-bahn: můstek

(31) Über einen der Innenhöfe der Bethlehemkapelle erreichen Sie das unterirdische Restaurant **Klub Architektů**. Hier gibt es herzhafte Suppen, original tschechische Gerichte und eine große Auswahl an vegetarischen Mahlzeiten. Probieren Sie auch den Apfelstrudel oder einen mit Eis und Schlagsahne gefüllten Pfannenkuchen. Ein Gedicht! Da das Restaurant sehr beliebt ist, empfiehlt es sich, vorab einen Tisch zu reservieren.

betlémské náměstí 5a, www.klubarchitektu.com, telefon: 6 02250082, geottnet: täglich 11.30-0.00, preis: 250 kč, u-bahn: národní třida

(32) Sie lieben Schokolade? Dann sind Sie bei **Choco Café U cervene zidle** genau richtig. Hier gibt es über zwanzig verschiedene Sorten Kakao: dickflüssigen Kakao, der aus dunkler oder weißer Schokolade hergestellt wird, mit Pfeffer, Nüssen, Seesalz, Kokosnuss oder Rum kombiniert, und Kakao mit Birnenstückchen und Amaretto. Sie haben immer noch nicht genug von Schokolade? Dann bestellen Sie einfach noch ein Stück Schokoladentorte oder ein Schoko-Croissant. Eine süße Verführung.

liliová 4, www.choco-cafe.cz, telefon: 2 222 225 19, geöffnet: täglich 10.00-20.00, preis: 70 kč, u-bahn: národní třida

(34) Die **Karoliný světlé** ist eine der ältesten Gassen Prags. In den historischen Geschäftsgebäuden befinden sich heute hauptsächlich kleine Cafés und Restaurants. Tipp: Zum krönenden Abschluss Ihres Spaziergangs gönnen Sie sich noch ein leckeres tschechisches Bier in einer der vielen urgemütlichen Kneipen. Oder wie wär's mit dem gemütlichen Café Duende, dem künstlerischen Art-Café u Irmy, dem Studentencafé Café-Pub Atmosphere, oder der Cocktailbar Hemingway?

karoliny světlé, straßenbahn: 17, 18, 53, karlovy lázně

RESTAURANT

㉟ Das **Lehká Hlava** ist das beliebteste vegetarische Restaurant in ganz Prag. Die farbenfrohen Räume sind alle unterschiedlich eingerichtet. Genießen Sie gegrillten Ziegenkäse mit Cranberrys und Walnüssen oder Auberginen-Quesadilla mit Guacamole. Um sich von einem erlebnisreichen Tag in Prag zu erholen, trinken Sie am besten einen stärkenden Guarana-Cocktail. Das Restaurant ist immer voll, vergessen Sie daher nicht, rechtzeitig einen Tisch zu reservieren.

boršov 2, www.lehkahlava.cz, telefon: 2 22220665, geöffnet: mo-fr 11.00-23.30, sa-so 12.00-23.30, preis: 160 kč, straßenbahn: 17, 18, 53, karlovy lázně

Shoppen

(3) Der **Artěl Design Shop** gehört der amerikanischen Designerin Karen Feldman. Sie kam 1994 nach Tschechien, um für einen Shampoohersteller zu arbeiten. Doch schnell entdeckte sie ihre Liebe zu altem böhmischem Glas aus dem frühen 19. Jahrhundert. Aus der Liebe wurde Berufung: Karen entwirft nun handgeblasene und handgravierte Kristallgläser, Vasen und Schalen- alles wundervolle Designerstücke, die international bekannt sind. Erwähnt wurden ihre Gläser unter anderem in der *Elle Decoration*, *The New York Times* und der *Vanity Fair*.
celetná 29, www.artelglass.com, telefon: 2 24815085, geöffnet: täglich 10.00-19.00, u-bahn: náměstí republiky

(6) Bei **Dr. Stuart's Botanicus** kann man ewig in den selbst gemachten Bodylotions, Kräutern, Seifen, Ölen, Essigen und Sirups stöbern und genussvoll daran riechen. Alle Produkte werden aus ökologisch angebauten Pflanzen eines Bauernhofes hergestellt, der in der Nähe Prags liegt. Soll man sich selbst verwöhnen oder anderen was mitbringen? Am besten beides!
týnský dvůr 3, www.botanicus.cz, telefon: 2 34767446, geöffnet: täglich 10.00-20.00, u-bahn: náměstí republiky

(8) Telefone, Porzellan, Gläser, Gemälde, Skulpturen, Halsketten, schicke Parfümzerstäuber und noch vieles mehr finden Sie im Trödelladen **Bric à Brac**. Hier gibt es alles aus der Art-nouveau- und Art-déco-Zeit. Bringen Sie viel Zeit mit, um sich umzuschauen. Und wer weiß, vielleicht lacht Sie ja eine echte Rarität an.
týnská 7, telefon: 2 24815763, geöffnet: täglich 11.00-19.00, u-bahn: staroměstská

(9) Altes und neues tschechisches Design gibt es bei **Modernista**. Hier werden Reproduktionen von kubistischem Steingut und Möbeln, aber auch Designermöbel aus dem frühen 20. Jahrhundert sowie Werke von jungen tschechischen Designern verkauft.
celetná 12, in de hrzánská pasáž, www.modernista.cz, telefon: 2 24241300, geöffnet: täglich 11.00-19.00, u-bahn: náměstí republiky

⑩ Marionetten sind ein beliebtes Prager Souvenir. Bei **Pohádka** gibt es die größte Marionetten- und Handpuppenauswahl der Stadt. Neben den traditionellen Märchenfiguren und tschechischen Kinderhelden finden Sie auch moderne Modelle, wie zum Beispiel Harry Potter.

celetná 32, www.czechtoys.cz, telefon: 2 24239469, geöffnet: täglich 9.00-20.00 , u-bahn: náměstí republiky

(13) **Na Příkopě** bedeutet "im Graben" und ist die größte Einkaufsstraße Prags. Hier befinden sich die großen Mainstream-Ketten wie Benetton, H&M, Zara, Mango, Lacoste, Salamander sowie verschiedene schöne Einkaufspassagen.
na příkopě, u-bahn: můstek, náměstí republiky

(16) Bei **Retro** gibt es eine große Auswahl an Vintage-Kleidung aus den 50er-, 60er- und 70er-Jahren. Suchen Sie etwas wirklich Ausgefallenes für die nächste Party? Dann schauen Sie sich gleich mal die Eigenmarke Kiss my Valentine an. Die Kleider sind Partykleider-Replikate der 50er- und 60er-Jahre, hergestellt aus modernen Stoffen und absolut spektakulär.
perlova 4, telefon: 7 77273238, geöffnet: mo-fr 10.00-20.00, sa 11.00-18.00, so 12.00-17.00, u-bahn: můstek, národní trída

(21) Wenn Sie das **Art Deco** betreten, werden Sie direkt in die 1920er-Jahre zurückversetzt. Das Geschäft verkauft Original-Hüte, Kostüme und dazu passenden Schmuck, aber auch antike Möbel. Nicht billig, aber dafür einzigartig.
michalská 21, telefon: 2 24223076, geöffnet: mo-fr 14.00-19.00, u-bahn: můstek, staromestská

(22) Bei **Sanu Babu** gibt es schöne Buddhastatuen, Schmuck, Röcke und viele andere Produkte aus Nepal. Achten Sie bei den Buddhastatuen immer gut auf den Preis, denn manchmal steht eine Null mehr vor dem Komma, als man erwartet.
michalská 20, www.sanubabu.cz, telefon: 2 21632401, geöffnet: mo-sa 11.00-19.30, so 11.30-19.00, u-bahn: můstek, staromestská

(33) Weibliche Fashion-Victims sollten unbedingt einen Abstecher zu **Denisa Nova** machen. Dieser Designerladen verkauft ausgefallene Hosen, elegante Capes, schicke Pullover und prachtvolle Abendkleider. Ein wunderbarer Laden, um sich umzuschauen und vielleicht auch schwach zu werden.
náprstkova 4, www.denisanova.cz, telefon: 2 22221342, geöffnet: di-fr 10.00-19.00, sa-so 10.00-18.00, u-bahn: národní třida

100 % there

(4) Das **Ungelt** ist ein schöner, historischer Handelsplatz, der auch unter dem Namen Týnhof bekannt ist. Den kleinen Platz betritt man über ein unauffälliges Tor an der Štupartská-Straße. Händler aus allen möglichen Ländern verkauften hier im 11. Jahrhundert ihre Waren. Die Steuern, die man auf diese Waren zahlen musste, hießen Ungelt — und schon hatte die Gegend ihren Namen weg.
týnský dvůr, u-bahn: náměstí republiky

(17) Das **Stavovské Divadlo** ist das älteste Theater Prags. Das neoklassische Gebäude wurde 1783 entworfen. Vier Jahre später schon wurde darin Mozarts Oper *Don Giovanni* uraufgeführt; ein Wallfahrtsort für alle Mozart-Liebhaber. *Don Giovanni* wird noch immer regelmäßig aufgeführt, es gibt aber auch viele andere sehenswerte Theater-, Ballett- und Opernaufführungen.
ovocný trh 1, www.narodni-divadlo.cz, telefon: 2 24215001, geöffnet: reservierungen mo-fr 10.00-18.00, sa-so 10.00-12.30, u-bahn: můstek

(18) Der Markt unter freiem Himmel in der Prager Altstadt heißt **Havelská Tržnice**. Hier kann man frisches Obst und Gemüse kaufen, aber auch Spielzeug, Souvenirs, Tücher und vieles mehr. Lassen Sie sich einfach treiben, kaufen Sie ein bisschen Obst für unterwegs oder ein Mitbringsel für Freunde.
havelská, geöffnet: mo-fr 7.30-18.00, sa-so 8.30-18.00, u-bahn: můstek, národní trída

(24) Der **Alte Stadtplatz** (Staroměstské Náměstí) ist das Herz der Stadt und war im Mittelalter der wichtigste Marktplatz. Obwohl der Platz sehr touristisch ist, ist die Atmosphäre auf dem Platz und in den Gassen drumherum sehr gemütlich. Der Platz ist voller Cafés (schauen Sie erst auf die Preise, bevor Sie sich setzen), Straßenkünstler und Pferdekutschen. In der Weihnachtszeit trifft man sich auf dem Weihnachtsmarkt und zu Ostern – logisch, auf dem Ostermarkt.
staroměstské náměstí, u-bahn: staroměstská, můstek

PATRIAE ET MUSIS

Altstadt

Beginnen Sie den Spaziergang am Obecní Dům (1). Steigen Sie auf den Pulverturm (2) oder gehen Sie darunter hindurch, dann rechts in die U Prašne Brány. Biegen Sie links ab zum Artěl Design Shop (3), dann wieder links in die Rybná. Am Ende der Straße gehen Sie rechts und dann wieder rechts durch ein Tor. Gehen Sie bis zum Ende der Straße, dann links in die Jakubska. Am Ende liegt das Tor zum Týnhof bzw. zum historischen Handelsplatz Ungelt (4) (5) (6). Durch einen Torbogen auf der anderen Seite verlassen Sie den Platz wieder (7). Auf der rechten Seite ist ein schöner Trödelladen (8). Biegen Sie links ab, gehen Sie rechts an der Kirche vorbei und links in die Celetná (9) (10) (11) (12). Gehen Sie bis zum Pulverturm. Gehen Sie rechts in die Einkaufsstraße Na Příkopě (13) (14). Gehen Sie bis 28 Řijna, wo es leckeren Kaffee gibt (15). Gehen Sie die Perlova nach rechts (16). Am Uhelný-trh-Platz biegen Sie rechts ab in die Rytiřská. Gehen Sie geradeaus. Links ist das Theater Stavovské Divadlo (17). Gehen Sie um das Gebäude und kehren Sie links zurück. Gehen Sie geradeaus, biegen Sie rechts in die Havelska Ulička ab und gehen Sie direkt links in die Havelská über den Markt (18). Am Ende können Sie rechts in die Michalská abbiegen, in der es einige gute Restaurants und Geschäfte gibt (19) (20) (21) (22). Gehen Sie durch die Havelská zurück. Biegen Sie links in die Melantrichova (23) ab zum Alten Stadtplatz (24) (25). Steigen Sie auf den Rathausturm (26), gehen Sie, die Uhr genau vor Ihnen, links in Richtung Malé Náměstí. Biegen Sie rechts in die U Radnice und reservieren Sie einen Tisch im Brasileiro (27). Dann geht's links und wieder links in die Křížovnická. Gehen Sie über den Innenhof des Clementinums (28), verlassen Sie ihn auf der rechten Seite. Biegen Sie links in die Karlova und rechts in die Jilska. Hier können Sie romantisch zu Abend essen (29). Gehen Sie bis zum Ende und rechts in die Betlémské Náměstí (30) (31). Halten Sie sich dann rechts und biegen Sie rechts zum Choco Café ab (32) oder gehen Sie geradeaus in die Náprstkova (33). Gehen Sie diese bis zum Ende und trinken Sie in der Karolíny Světle ein Bier (34). In der Boršov-Gasse liegt ein vegetarisches Restaurant (35). Sie können auch rechts in die Betlémska abbiegen. Wechseln Sie die Straßenseite, um die Karlsbrücke und die Burg zu sehen.

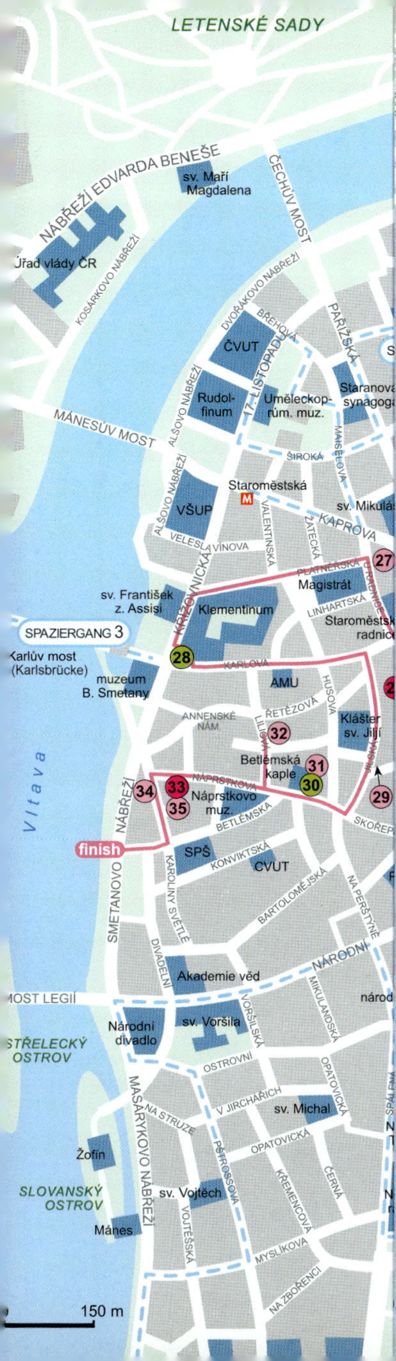

sv. Maří
Magdalena

NÁBŘEŽÍ EDVARDA BENEŠE

ČECHŮV MOST

Úřad vlády ČR

KOSÁRKOVO NÁBŘEŽÍ

DVOŘÁKOVO NÁBŘEŽÍ

BŘEHOVÁ

17. LISTOPADU

PAŘÍŽSKÁ

ČVUT

Staronova
synagoga

Rudol-
finum

Umělecko-
prům. muz.

MÁNESŮV MOST

ALŠOVO NÁBŘEŽÍ

ŠIROKÁ

ŠIROKÁ

MAISELOVA

Staroměstská
M

sv. Mikuláš

KAPROVA

VŠUP

ALŠOVO NÁBŘEŽÍ

VALENTINSKÁ

VELESLAVÍNOVA

PLATNÉŘSKÁ

KŘIŽOVNICKÁ

(27)

sv. František
z. Assisi

Klementinum

Magistrát

Staroměstská
radnice

LINHARTSKÁ

Klementinum

SPAZIERGANG 3

(28)

KARLOVA

Karlův most
(Karlsbrücke)

muzeum
B. Smetany

AMU

HUSOVA

ŘETĚZOVÁ

Klášter
sv. Jiljí

ANNENSKÉ
NÁM.

(32)

Vltava

(34)

NÁPRSTKOVA

(33)

(35)

Betlémská
kaple

NÁPRSTKOVA

Náprstkovo
muz.

(31)
(30)

(29)

SKOŘEP

BETLÉMSKÁ

finish

NÁBŘEŽÍ

SMETANOVO

KAROLINY SVĚTLÉ

SPŠ

KONVIKTSKÁ

CVUT

DIVADELNÍ

NA PERŠTÝNĚ

BARTOLOMĚJSKÁ

NÁRODNÍ

MIKULANDSKÁ

MOST LEGIÍ

Akademie věd

národ

STŘELECKÝ
OSTROV

Národní
divadlo

sv. Voršila

OSTROVNÍ

VORŠILSKÁ

OPATOVICKÁ

Žofín

NA STRUZE

MASARYKOVO NÁBŘEŽÍ

V JIRCHÁŘÍCH

sv. Michal

 OPATOVSKÁ

SLOVANSKÝ
OSTROV

sv. Vojtěch

PŠTROSSOVA

KŘEMENCOVA

ČERNÁ

N

Mánes

VOJTĚŠSKÁ

MYSLÍKOVA

NA ZBOŘENCI

150 m

Prager Burg & Hradčany

Tausendjährige Baukunst und wunderschöne Gärten

Nur wer die Prager Burg (Pražský Hrad) gesehen hat, kennt Prag wirklich. Die Prager Burg ist eine der größten geschlossenen Burganlagen der Welt, deren Vorderseite allein schon einen halben Kilometer misst. Sie liegt auf einem Hügel und ist damit von der ganzen Stadt aus sichtbar. Besonders die Türme des Veitsdoms sind wunderschön anzusehen. Auf den Hängen rund um die Burg befinden sich traumhafte Gärten voller Pavillons, Gartenhäuschen, Statuen und Springbrunnen.

Prinz Bořivoj gründete die Burg im 9. Jahrhundert, und seitdem ist das Areal mit seinen Palästen, Türmen und Kirchen stetig erweitert worden. Heute kann man die tausendjährige Geschichte erahnen, denn fast jeder Baustil ist irgendwo versteckt. Nehmen Sie zum Beispiel den Veitsdom. Von der Grundsteinlegung im Jahr 1344 dauerte es fast 600 Jahre, bis der Dom 1929 endlich vollendet wurde. Man sieht es: Die Fundamente des Gebäudes sind gotisch, der höchste Turm enthält Renaissance- und Barockelemente, und der

Haupteingang ist im neogotisch. Auch die anderen Bauwerke der Burg sind im Laufe der Jahrhunderte umgebaut, ausgebaut und renoviert worden. Der letzte große Umbau fand in den 20er Jahren des vorigen Jahrhunderts statt. Architektur- und Geschichtsliebhaber kommen voll auf ihre Kosten. Aber auch Politikinteressierte: Die tschechoslowakische Regierung hatte hier früher ihren Sitz, heute residiert der Präsident der Tschechischen Republik in der Burg.

Der Stadtteil Hradčany liegt im Westen der Prager Burg und erstreckt sich bis zum Kloster Strahov auf dem Peřin-Hügel. Das Viertel wurde 1320 gebaut und war damals eine Stadt mit eigenen Rechten. Die Altstadt, die Neustadt, Malá Strana (Kleinseite) und Hradčany wurden jedoch 1784 zu einer einzigen Stadt vereint. Die Gassen, die sich durch Hradčany schlängeln, eignen sich hervorragend für einen romantische Abendspaziergang.

6 Insider-Tipps

Nerudova Straße

Fassadenornamente in der historischen Straße bewundern.

Prager Burg

Durch das beeindruckende Burgareal schlendern. ✗

Wachablösung

Eine besondere Zeremonie auf der Prager Burg erleben. ✗

Goldene Gasse

An Häusern aus dem 17. Jahrhundert vorbeispazieren.

U Zlaté Studně

Mit perfekter Aussicht romantisch zu Abend essen.

Palastgarten

Spazieren gehen und sich zwischen Springbrunnen ausruhen.

⬤ **Sehenswürdigkeiten**   ⬤ **Essen & Trinken**

⬤ **Shoppen**   ⬤ **100 % there**

Sehenswürdigkeiten

(8) Im **Sternberg-Palast** (Šternberský Palác) hatte der 1796 gegründete Verein zum Erhalt des böhmischen Kulturerbes seinen Sitz. Mit einem schönen Nebeneffekt: Die Adeligen hinterließen der Organisation ihre wertvollsten Kunstschätze, und so entstand eine herausragende Kollektion europäischer Kunst. Die seit 1949 zur Nationalgalerie gehörende Sammlung beeindruckt mit Kunstwerken von u. a. Goya, Rembrandt und Rubens.

hradčanské náměstí 15, www.ngprague.cz, telefon: 2 33090570, geöffnet: di-so 10.00-18.00, eintritt: erwachsene 150 kč, kinder/studenten 80 kč, familien 200 kč, u-bahn: malostranská, hradčanská

(10) Das **Belvedère**, der königliche Sommerpalast, liegt in den wunderschönen Königsgärten. Ferdinand I. gab Paolo della Stella zwischen 1538 und 1564 den Auftrag, diesen kleinen Sommerpalast für seine Frau Anna zu bauen. Anna selbst hat den Palast leider nie gesehen, denn sie starb, bevor er fertiggestellt wurde. Besonders romantisch ist der "singende" Brunnen, bei dem Wassertropfen auf Metallplatten fallen. Man muss aber genau hinhören.

prager burg, königsgärten, www.hrad.cz, geöffnet: nur während ausstellungen, eintritt: wechselnd, u-bahn: malostranská, hradčanská

(11) Die **Prager Burg** (Pražský Hrad) wurde im 9. Jahrhundert gegründet und zählt zu den größten Burganlagen weltweit. Es gibt unter anderem vier Schlossplätze (Innenhöfe), einige Kirchen sowie mehrere herrschaftliche Paläste. Da die Burg eine strategisch gute Lage besitzt, war sie im Laufe der Jahre beliebter Stammsitz vieler Fürsten. Der jetzige Präsident residiert in der Burg und auch die Kabinettssitzungen finden hier statt. Die Burg ist von wunderschönen Gärten umgeben, in denen man tagelang spazieren gehen könnte.

praagse burcht, www.hrad.cz, telefon: 2 24373368, geöffnet: apr.-okt. 5.00-0.00, nov.-märz 6.00-23.00, eintrittskarten am eingang oder im informationszentrum, eintritt: erwachsene 70-350 kč, studenten/senioren/ kinder 40-175 kč, familien 140-700 kč, eintrittskarten sind zwei tage gültig, u-bahn: malostranská, hradčanská, straßenbahn: 12, 18, 20, 22, 23, 91 pražský hrad, pohoreleč

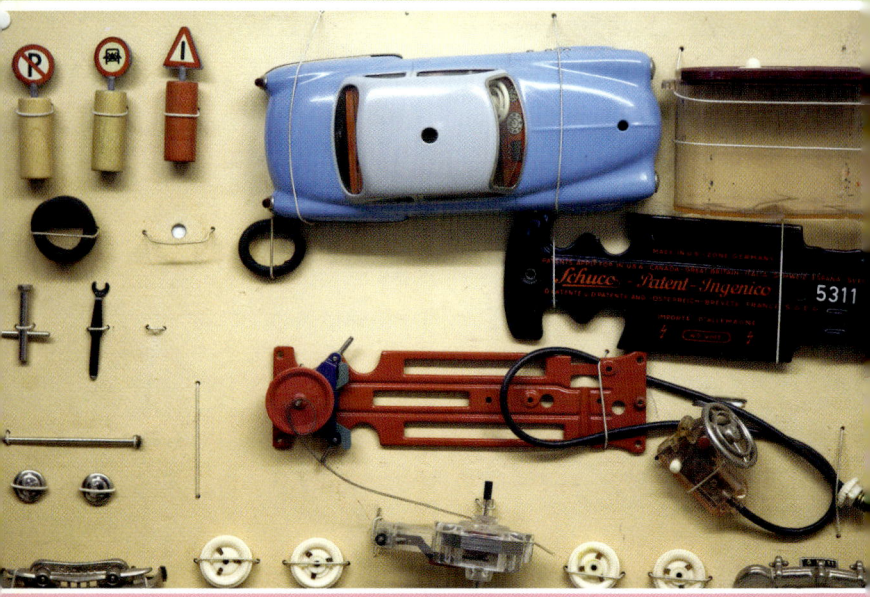

㉒ SPIELZEUGMUSEUM

㉒ Der **Veitsdom** (Katedrála Sv. Víta) ist die größte und gleichzeitig bedeutendste Kirche Prags, deren gotische Türme das Stadtbild prägen. Der Bau des Domes begann 1344 und wurde – fast 600 Jahre später – im Jahr 1929 abgeschlossen. Nehmen Sie sich im Kircheninneren ausreichend Zeit, um den Haupteingang, die Kapellen und vor allem das goldene Türmchen der St.-Wenzels-Kapelle zu besichtigen. Entdecken Sie die verschiedenen Epochen? Achten Sie draußen auf die schönen Wasserspeier, die alle eine unterschiedliche Form haben. Übrigens: Die Glocke des Veitsdoms gehört zu den größten der Welt.

dritter burghof, www.mekapha.cz/de, telefon: 2 24373368, geöffnet: täglich apr.-okt. 9.00-18.00, nov.-märz 9.00-16.00, eintritt: haupteingang gratis, rest mit eintrittskarte (siehe nr. 11), u-bahn: hradčanská, malostranská

(14) Der Pulverturm **Mihulka** wurde im 15. Jahrhundert erbaut und hat im Laufe der Jahre verschiedene Zwecke erfüllt. Unter anderem war er Lagerstätte für Schießpulver (daher der Name), Alchemistenlabor und Wohnung für den Glöckner des Veitsdoms. Heute befindet sich hier eine Ausstellung über die Wächter der Prager Burg.
gasse an der vikarská, www.hrad.cz, telefon: 2 24373368, geöffnet: täglich apr.-okt. 9.00-18.00, nov.-märz 9.00-16.00, eintritt: mit eintrittskarte (siehe nr. 11), u-bahn: hradčanská, malostranská

(15) Nachdem die Prager Burg im 11. Jahrhundert zu einer stattlichen Festung ausgebaut worden war, bezogen die Prinzen von Böhmen den **Königspalast** (Královský Palác). Vom 13. bis zum 16. Jahrhundert gehörte der Palast dann dem jeweiligen König. Der Vladislav-Saal mit seiner beeindruckenden spätgotischen Decke bildet das Herz des Palastes.
dritter burghof, www.hrad.cz, telefon: 2 24373368, geöffnet: täglich apr.-okt. 9.00-18.00, nov.-märz 9.00-16.00, eintritt: mit eintrittskarte (siehe nr. 11), u-bahn: hradčanská, malostranská

(16) Sie interessieren sich für die Geschichte der Prager Burg? Dann besuchen Sie die Ausstellung **The Story of Prague Castle**. Hier erfahren Sie alles über den Bau der Burg und über die Menschen, die im Laufe der Jahrhunderte in den monumentalen Gemäuern gelebt haben.
dritter burghof, www.hrad.cz, telefon: 2 24373368, geöffnet: täglich apr.-okt. 9.00-18.00, nov.-märz 9.00-16.00, eintritt: mit eintrittskarte (siehe nr. 11), u-bahn: hradčanská, malostranská

(17) Das **Kloster St. Georg** (Klášter Sv. Jiří) wurde im 10. Jahrhundert als erstes Kloster Tschechiens von Prinzessin Mlada gegründet. Heute beherbergt es böhmische Kunstwerke aus dem 19. Jahrhundert.
jiřské náměstí, www.ngprague.cz, telefon: 2 57531644, geöffnet: täglich 10.00-18.00, eintritt: erwachsene 150 kč, studenten/senioren/kinder 80 kč, familien 200 kč, u-bahn: hradčanská, malostranská

(18) Rechts neben dem Kloster liegt die **St.-Georgs-Basilika** (Bazilika Sv. Jiří), erbaut im Jahre 921 von Prinz Vratislav. Die Fassade in warmen Farben und die schlichte Architektur machen sie zur schönsten romanischen Kirche Prags.
jiřské náměstí, www.hrad.cz, telefon: 2 24373368, geöffnet: täglich apr.-okt. 9.00-18.00, nov.-märz 9.00-16.00, eintritt: mit eintrittskarte (siehe nr. 11), u-bahn: hradčanská, malostranská

(19) Einmal durch die romantische **Goldene Gasse** (Zlatá Ulička) zu spazieren, ist ein Muss für jeden Pragbesucher. Hier stehen winzig kleine Häuser aus dem 17. Jahrhundert, die 2009/2010 komplett renoviert wurden. Die Legende besagt, dass hier Goldschmiede wohnten; sicher ist, dass der tschechische Schriftsteller Franz Kafka in Hausnummer 22 lebte.
zlatá ulička, www.hrad.cz, telefon: 2 24373368, geöffnet: täglich apr.-okt. 9.00-18.00, nov.-märz 9.00-16.00, eintritt: mit eintrittskarte (siehe nr. 11), u-bahn: malostranská

(21) Der **Daliborka-Turm** (Věž Daliborka) aus dem 15. Jahrhundert war einst ein Wehrturm und diente gleichzeitig als Kerker. Der Name stammt von seinem ersten Gefangenen: Dalibor. Dieser junge Ritter versteckte einen Flüchting und bekam dafür die Todesstrafe. Er landete in einer unterirdischen Zelle, die nur über ein Loch in der Decke zu erreichen war. Man erzählt, dass er durch sein Geigenspiel unzählige Menschen begeisterte, die ihn durch das Loch mit Essen versorgten. Seit 1781 wird der Turm nicht mehr als Gefängnis genutzt. Ein Teil des Kerkers kann besichtigt werden.
zlatá ulička, www.hrad.cz, telefon: 2 24373368, geöffnet: nicht öffentlich zugänglich, u-bahn: malostranská

(22) Das **Spielzeugmuseum** (Muzeum Hraček) in der Prager Burg ist weltweit das zweitgrößte Museum seiner Art und zeigt antikes europäisches und amerikanisches Spielzeug wie Puppenstuben, Märklin-Eisenbahnen und Spielzeugautos. Tipp für Mädchen: Im oberen Stockwerk gibt es eine Barbie-Ausstellung mit mehr als 270 Versionen der amerikanischen Mini-Traumfrau.
jiřská ulice 6, muzeumhracek.webpark.cz, telefon: 2 24372294, geöffnet: täglich 9.30-17.30, eintritt: erwachsene 70 kč, kinder 35 kč, u-bahn: malostranská

㉓ Im **Palais Lobkowitz** (Lobkowiczký palác) befindet sich ein ganz besonderes Museum: die größte Familiensammlung ganz Europas. Der Familienschatz umfasst Malereien, Juwelen, Musikinstrumente und Original-Partituren. Besonders interessant ist der Audioführer, eine Idee des jetzigen Baron Lobkowitz. Der Baron umreißt die Geschichte des Palastes und berichtet von den Anstrengungen der Familie, um nach dem Zweiten Weltkrieg und während des Kommunismus den Palast wieder in ihren Besitz bringen. *jiřská ulice 3, www.lobkowiczevents.cz, telefon: 2 33312925, geöffnet: täglich 10.30-18.00, eintritt: erwachsene e 275 kč, studenten/kinder/senioren 175 kč, familien 690 kč, u-bahn: malostranska*

Essen & Trinken

(3) Teeliebhaber können gut und gerne ein paar Stunden im **U Zeleného Čaje** verbringen. In diesem kleinen Teehaus gibt es Tees aus aller Welt, dazu werden kleine Häppchen serviert. Ein Garant für einen relaxten Nachmittag.
nerudova 19, www.uzelenehocaje.cz, telefon: 2 57530027, geöffnet: täglich 11.00-22.00, preis: 50 kč, u-bahn: malostranská

(4) Im **Cowboys** lässt man sich in einem der gemütlichen Kellerräume mit Steaks und Grillgerichten verwöhnen. Zu dunkel? Dann gehen Sie einfach auf die Dachterrasse, suchen Sie sich einen freien Tisch, bestellen Sie einen leckeren Cocktail und genießen Sie die Aussicht über Prag. Traumhaft!
nerudova 40, www.kampagroup.com, telefon: 2 96826107, geöffnet: täglich 12.00-1.00, preis: 375 kč, u-bahn: malostranská

(5) **Caldi & Freddi** befindet sich im stilvollen Hotel Neruda. Die Geschichte dieses alten Gemäuers geht bis ins Jahr 1348 zurück. Heute zeigt sich das Hotel schick und modern – mit einem schönen gläsernen Atrium und einer einladenden Terrasse. Ideal, um sich in gepflegter Atmosphäre mit einem Aperitif, hausgemachtem Gebäck oder einer leichten Mahlzeit wie Carpaccio aus Entenbrust mit Cranberrys oder Pasta mit Garnelen und Rucola verwöhnen zu lassen.
nerudova 44, www.caldifreddi.cz, telefon: 2 57531492, geöffnet: täglich 7.00-23.00, preis: 300 kč, u-bahn: malostranská

(6) Nachdem Sie den Hügel und die Treppen zur Burg bestiegen haben, wird es Zeit für Kaffee und Kuchen im Café **Kajetánka.** Der ideale Ort, um eine kurze Pause einzulegen. Vor allem die Aussicht von der Terrasse über das glanzvolle Prag ist einzigartig.
hradčanské náměstí, www.espresso-kajetanka.cz, telefon: 2 57533735, geöffnet: täglich winter 11.00-20.00, sommer 10.00-20.00, preis: 250 kč, u-bahn: hradčanská, malostranská

Čerstvě pečené, plně
Freshly baked, stuffed
Domácí, zákusky Hom
Italské   Ital
Zmrzliny Ice cream

③ U ZELENÉHO ČAJE

⑬ Direkt neben dem Veitsdom liegt das Restaurant **Vikárka**. Die Räume dieses geschichtsträchtigen Restaurants dienten früher als Stallungen, Schuppen und Labor für Alchemisten. Bestellen Sie sich Hovězí Svíčková (Rindfleisch in Sahnesoße mit Cranberrys), um wieder zu Kräften zu kommen, bevor Sie den Rest der Burg erobern. Das Vikárka ist auch ideal für größere Gruppen.

vikářská 39, www.vikarka.cz, telefon: 2 33311962, geöffnet: täglich 11.00-20.00, preis: 250 kč, u-bahn: hradčanská, malostranská

㉗ Nicht ganz günstig, aber doch lohnenswert: Die Aussicht von **U Zlaté Studně** ist so überraschend, dass sie für die hohen Preise entschädigt. Zum atemberaubenden Blick über die Terrakottadächer der Malá Strana gehört natürlich auch ein exklusives Essen. Auf der Karte steht unter anderem Taube mit Kastanien in einer Cognac-Schokoladen-Soße.

u zlaté studně 4, www.terasauzlatestudne.cz, telefon: 2 57533322, geöffnet: täglich 7.00-23.00, preis: 900 kč, u-bahn: malostranská

㉚ Im Rebgarten an der Burg liegt das Restaurant **Villa Richter**. Eigentlich besteht die Villa Richter aus drei Restaurants in drei verschiedenen Preisklassen. Im Piano Nobile gibt es luxuriöse internationale Küche, im Piano Terra die traditionell tschechische. Und unter der mit Weinranken bedeckten Pergola im Panorama Pergola können Sie einen Wein trinken und die herrliche Aussicht über Prag genießen.

staré zámecké schody 6, www.villarichter.cz, telefon: 2 57219079, geöffnet: täglich 10.00-23.00, preis: 250 kč, u-bahn: malostranská

㉛ Der **Pálffy Palác Club** wurde als "romantischster Ort der Stadt Prag" ausgezeichnet. Vor allem die leicht dekadente Atmosphäre macht dieses Restaurant zu etwas ganz Besonderem. Von der Musikhochschule, die über dem Restaurant liegt, wehen während des Essens immer wieder sanfte klassische Melodien herüber. Die Karte ändert sich je nach Saison. Probieren Sie auch den Sonntagsbrunch oder die wechselnden Mittagsmenüs.

valdštejnská 14, www.palffy.cz, telefon: 2 57530522, geöffnet: täglich 11.00-23.00, preis: 500 kč, u-bahn: malostranská

Shoppen

(20) Die Prager Burg ist eine der größten touristischen Attraktionen in Prag. Rund um die Burg gibt es dann konsquenterweise auch viele auf Touristen spezialisierte Läden. Richtig stilvoll kaufen Sie Ihre Souvenirs jedoch in der Burg direkt, in den niedlichen **kleinen Läden** der Goldenen Gasse.
zlatá ulička, geöffnet: täglich 10.00-18.00, u-bahn: malostranská

(24) Im **Museumsshop** des Palais Lobkowitz empfängt den Kunstfreund eine große Auswahl an Postkarten, Büchern und Postern. Auch stilvolle Souvenirs sowie preisgekrönte Weine aus den Weinbergen der Familie Lobkowitz kann man hier erstehen.
jiřská ulice 3, www.lobkowiczevents.cz, telefon: 2 33312925, geöffnet: täglich 10.30-18.00, u-bahn: malostranská

(28) Wenn Sie die **Alten Burgtreppen** hinauf- oder hinuntergehen (Staré Zámecké Schody), kommen Sie an vielen kleinen Geschäften vorbei, die farbige Steine, Malereien und andere Souvenirs verkaufen. Sehr touristisch, aber wer genau hinschaut, kann durchaus ein seltenes Stück entdecken.
staré zámecké schody, geöffnet: geschäfte täglich 10.00-18.00, u-bahn: malostranská

⑦ **WACHABLÖSUNG**

100 % there

① Der **Wallenstein-Palast** (Valdštejnský Palác) wurde im Auftrag des einflussreichen Generals Vaclav Eusebius von Wallenstein errichtet. Der Palast, den er zwischen 1624 und 1630 bauen ließ, sollte sogar die Prager Burg übertreffen. Heute hat der tschechische Senat dort seinen Sitz. Hinter dem Palast liegen die schönen **Wallenstein-Gärten** (Valdštejnská Zahrada) mit ihren nachgebildeten Bronzefiguren; die Originalfiguren wurden 1648 von den Schweden gestohlen. Auch eine beeindruckende Grotte, einen schönen Pavillon, in dem Open-Air-Konzerte stattfinden, einen Teich und eine Reitschule gibt es zu bewundern. Um zum Palast zu gelangen, halten Sie sich beim Betreten der Gärten links, laufen dann zur rechten Seite des Gartens und verlassen dann die Gärten über die Treppe rechts vom Podium. Sie gelangen auf einen kleinen Innenhof und auf der linken Seite befindet sich der Palasteingang.
valdštejnské náměstí 4, www.senat.cz, telefon: 2 57075707, geöffnet: palast sa-so okt.-märz 10.00-16.00, apr.-sept. 10.00-17.00, garten apr.-okt. mo-fr 7.30-18.00, sa-so 10.00-18.00, eintritt: frei, u-bahn: malostranská, straßenbahn: 12, 18, 20, 22, 23, pražský hrad, pohoreleč

② Die historische **Nerudova-**Straße wurde nach Jan Neruda aus dem 19. Jahrhundert benannt. Der Schriftsteller schrieb viele Geschichten über diese Gegend und wohnte zwischen 1845 und 1857 im Haus bei den Zwei Sonnen, in der Hausnummer 47. In dieser Straße kann man wunderbar die alten Hausschilder an den Giebeln studieren, die – bevor im Jahr 1770 die Hausnummern eingeführt wurden – zur Erkennung der Häuser dienten. Hausnummer 2 trägt beispielsweise den roten Adler, Hausnummer 12 die drei Violinen, Hausnummer 34 das goldene Hufeisen, Hausnummer 43 den grünen Krebs und Hausnummer 49 den weißen Schwan. Hausnummer 32 war die erste Apotheke von Hradčany aus dem Jahr 1749. Im Haus zum weißen Schwan zu wohnen hört sich doch viel romantischer an, als in Hausnummer 49, oder?
nerudova ulice, u-bahn: malostranská

⑦ Die **Wachablösung** findet zu jeder vollen Stunde auf dem ersten Burghof statt. Vor allem die 12-Uhr-Zeremonie ist ein echtes Highlight. Die ausgefeilte Choreografie und die Fanfarenmusik sind absolut einen Besuch wert!

erster burghof prager burg, www.hrad.cz, u-bahn: malostranská, hradčanská

⑨ Der **Königsgarten** (Královská Zahrada) ist vor allem im Frühling, wenn die Blumen erblühen, eine wunderschöne Oase inmitten der hektischen Altstadt. Der Garten wurde im 16. Jahrhundert nach englischem Vorbild angelegt. Sie können hier sowohl die ehemalige Sommerresidenz des Präsidenten als auch den Sommerpalast Belvedere und das Ballhaus besichtigen.

zweiter burghof prager burg, www.hrad.cz, geöffnet: apr.-okt. täglich 10.00-18.00, eintritt: frei, u-bahn: malostranská, hradčanská

㉕ Vom **Wallgarten** (Zahrada Na Valech) aus haben Sie eine fantastische Aussicht über die Dächer der idyllischen Malá Strana. Zum Glück stehen dort auch viele Parkbänke, sodass sich die strapazierten Füße kurz erholen können.

prager burg, zahrada na valech, www.hrad.cz, geöffnet: apr.-okt. täglich 10.00-18.00, u-bahn: malostranská

㉖ In Hradčany gibt es eine Menge Gärten, aber der **Palastgarten** (Palácové Zahrady), gelegen am Fuße der Prager Burg, gehört wohl zu den schönsten. Es gibt kleine, verträumte Pfade, ein Treppenlabyrinth, ein idyllisches Sommerhäuschen sowie verspielte Springbrunnen. Die vielen Terrassen führen direkt zur Südseite der Burg. Auf dem Weg nach oben (oder nach unten) haben Sie eine wunderbare Aussicht über die Dächer der Häuser in der Malá Strana.

valdštejnské náměstí 3, auch über den wallgarten zu erreichen, www.hrad.cz, telefon: 2 57010401, geöffnet: täglich apr.-juni und sept.-okt. 10.00-18.00, juli-aug. 10.00-20.00, eintritt: 69 kč, u-bahn: malostranská

㉙ Sind Sie schon einmal mitten in einer Großstadt durch einen Rebgarten gegangen? In Prag ist das möglich. Direkt neben den Toren der Prager Burg liegen die **St.-Wenzels-Weingärten** (Svatováclavské vinice). Sie wurden schon im 10. Jahrhundert angelegt und zählen damit zu den ältesten Weingärten Tschechiens. Im Laufe der Jahre sind sie leider immer mehr verfallen. Doch im Jahre 2008 nahm man sich der Weingärten an, renovierte sie umfassend und machte sie wieder der Öffentlichkeit zugänglich.

staré zámecké schody 6, www.villarichter.cz, telefon: 2 57219079, geöffnet: täglich 10.00-23.00, eintritt: frei, u-bahn: malostranská

Prager Burg & Hradčany

Beginnen Sie Ihren Spaziergang an der U-Bahn-Station Malostranská und biegen Sie links ab in Richtung Malá Strana. Gehen Sie nach rechts bis ans Ende der Straße und biegen Sie an der Kreuzung rechts in die Letenská ab. Am Ende sehen Sie ein braunes Tor: Das sind die Wallensteingärten **(1)**. Gehen Sie die Letenská bis zum Ende und steigen Sie über die Nerudova auf den Hügel. Achten Sie auf die alten Ornamente **(2)**, trinken Sie eine Tasse Tee bei U Zeleného Čaje **(3)**, essen Sie etwas auf der Dachterrasse von Cowboys **(4)**, oder trinken Sie etwas bei Caldi & Freddi **(5)**. Gehen Sie scharf rechts und gehen Sie den Ke-Hradu-Hügel hinauf zur Prager Burg. Oben angekommen sehen Sie direkt das Café Kajetánka **(6)**. Erleben Sie hier zu jeder vollen Stunde die Wachablösung **(7)**. Besichtigen Sie den Sternberg-Palast **(8)** (links gibt es einen Weg nach unten, gehen Sie durch die große eiserne Tür). Betreten Sie an der rechten Seite des Platzes durch ein Tor den Garten Zahrada na Baště und folgen Sie dem Weg. Rechts die Treppe hinunter. Bleiben Sie auf dem Weg, bis Sie links eine Brücke und rechts ein großes Tor sehen. Überqueren Sie die Brücke, um durch den Königsgarten zu spazieren **(9) (10)** oder gehen Sie durch das Tor in die Burg **(11)**. Kaufen Sie hier auf dem zweiten Innenhof eine Eintrittskarte. Im dritten Innenhof können Sie Veitsdom **(12) (13)**, Mihulka **(14)**, Königspalast **(15)**, The Story of Prague Castle **(16)**, das Kloster St. Georg **(17)** und die St.-Georgs-Basilika **(18)** besichtigen. Gehen Sie weiter bis zur Goldenen Gasse **(19) (20) (21)**, dem Spiel-zeugmuseum **(22)** und dem Palais Lobkowitz **(23) (24)**. Verlassen Sie die Burg über die Jiřská. Direkt nach dem Ausgang können Sie rechts in den Wallgarten abbiegen **(25)**. Auf der linken Seite können Sie gleich in den Palastgarten hin-untergehen oder ihn am Ende des Spaziergangs von unten erklimmen **(26)**. Oder Sie steigen die Treppe Richtung Restaurant U Zlaté Studně **(27)** hinab. Danach können Sie über die Burgtreppen Staré Zámecké Schody **(28)** oder den Weinberg **(29)** vorbei an kleinen Läden den Hügel wieder hinabsteigen. Hier können Sie auch eine Kleinigkeit essen **(30)**. Gehen Sie rechts durch den Park und biegen Sie rechts in die Valdštejnská ab. Hier finden Sie ein weiteres Toprestaurant **(31)**.

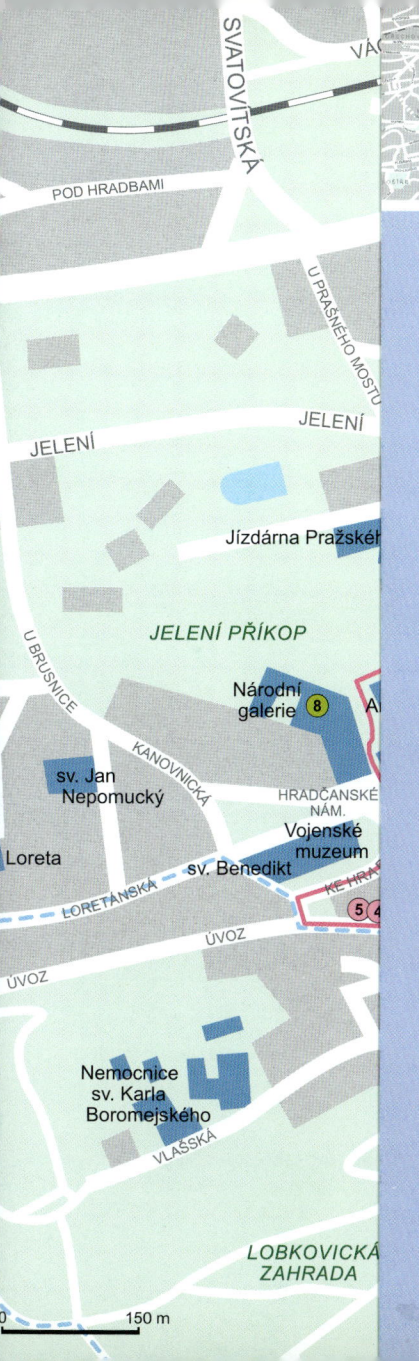

1. Wallenstein-Palast/
   Wallenstein-Gärten
2. Nerudova
3. U Zeleného Čaje
4. Cowboys
5. Caldi & Freddi
6. Kajetánka
7. Wachablösung
8. Sternberg-Palast
9. Königsgarten
10. Belvedère
11. Prager Burg
12. Veitsdom
13. Vikárka
14. Mihulka
15. Königspalast
16. The Story of Prague Castle
17. Kloster St. Georg
18. St.-Georgs-Basilika
19. Goldene Gasse
20. Kleine Läden
21. Daliborka-Turm
22. Spielzeugmuseum
23. Palais Lobkowitz
24. Museumsshop
25. Wallgarten
26. Palastgarten
27. U Zlaté Studně
28. Alte Burgtreppen
29. St.-Wenzels-Weingärten
30. Villa Richter
31. Pálffy Palác Club

Karlsbrücke & Malá Strana

Fotogener Stadtteil & aussichtsreicher Hügel

In Prag gibt es zahlreiche Brücken, unter denen die Karlsbrücke die bekannteste ist. Wer die vielen Touristen und Souvenirstände an und auf der Brücke
meiden möchte, kommt am besten frühmorgens hierher. Schaffen Sie es
zum Sonnenaufgang? Dann ist es ohne Zweifel am romantischsten. Die unter
der Karlsbrücke liegende Insel Kampa wird von der Moldau (Vltava) und dem
Teufelsbach (Čertovka) umflossen. Das hat ihr auch den Namen "Venedig von
Prag" eingebracht. Einen Besuch wert sind die vielen guten Insel-Restaurants.

Die Karlsbrücke verbindet die Altstadt mit der Malá Strana (Kleinseite), die
unter der Prager Burg liegt und bereits im 13. Jahrhundert gegründet wurde.
1541 ist bei einem Feuer ein großer Teil des Viertels abgebrannt, danach
wurden viele Häuer der Malá Strana im Barockstil wieder aufgebaut. Wer
durch die wunderschönen kleinen Gassen schlendert, wird von ganz
besonderen Hausschildern überrascht. Bevor die Häuser im Jahre 1770
Hausnummern erhielten, verwendete man Giebelsteine zur Kennzeichnung

3

der Häuser. Diese Schilder waren nicht nur praktisch, sondern hatten meist auch eine symbolische Bedeutung. Ein Löwe oder Bär stand zum Beispiel für Kraft, ein Hufeisen brachte Glück und eine Lilie symbolisierte Unschuld. Wenn Ihnen einige Plätze bekannt vorkommen, dann ist das kein Wunder: Malá Strana dient häufig als Filmkulisse.

Im Südwesten der Malá Strana liegt der Petřin-Hügel. Man erkennt ihn von der Stadt aus am Petřin-Turm, der dem Eiffelturm ähnlich sieht und 1891 gebaut wurde. Auf dem Petřin-Hügel befindet sich ein großer Park, in dem die Prager der Hektik der Stadt entfliehen. Über verschlungene Pfade können Sie einen wunderschönen Spaziergang Richtung Hügel unternehmen. Zur Belohnung werden Sie mit einem herrlichen Blick über die Stadt und die Prager Burg belohnt. Und hier oben wird einem sofort deutlich, warum Prag auch die "Stadt der hundert Türme" genannt wird.

6 Insider-Tipps

Karlsbrücke ✗

Über die berühmte Brücke spazieren.

Insel Kampa

Die Hektik der Stadt auf der Insel hinter sich lassen.

Kampa Park

Schick essen gehen – mit Aussicht auf die Karlsbrücke.

✗ **Petřin-Hügel**

Prags grünsten Hügel erklimmen und die Stadt von oben bewundern.

Phase 2 Boutique

Vintage-Designerkleidung und hippe Accessoires kaufen.

Café Savoy

In einem stilvollen Café Kaffee trinken.

● Sehenswürdigkeiten   ● Essen & Trinken
● Shoppen   ● 100 % there

Sehenswürdigkeiten

(1) 1357 gab Karl IV. den Bau der ersten befestigte Brücke über die Moldau in Auftrag: die weltberühmte **Karlsbrücke** (Karlův Most). Sie verbindet die Altstadt mit der Malá Strana und ist heutzutage eine der bekanntesten Attraktionen Prags. Seit 1683 kamen immer wieder neue Figuren auf der Brücke hinzu. Die meisten davon sind aber inzwischen Kopien. Auch hier gibt es viele kleine Stände mit Schmuck, Malereien und den allgegenwärtigen Karikaturkünstlern. Vergessen Sie nicht, den goldenen Hund an den Füßen der Nepomukfigur zu berühren. Laut Legende kommen Sie dann noch einmal nach Prag zurück. Und wer möchte sich das schon entgehen lassen?
karlsbrücke, u-bahn: malostranská

(2) Der prächtige gotische **Brückenturm** auf der Altstadt-Seite (Staroměstská Mostecká Věž), wurde von Peter Parler im 14. Jahrhundert entworfen. Der Turm steht ganz am Anfang der Karlsbrücke und ist mit Figuren von St. Vitus, Karl IV. und Wenzel IV. dekoriert. Im Turm selbst kann man sich einen Film über die astronomische und astrologische Symbolik der Brücke ansehen. Von der Aussichtsplattform im ersten Stock haben Sie einen herrlichen Blick über die Prager Burg und die Malá Strana.
karlsbrücke, www.prazskeveze.cz, telefon: 2 24220569, geöffnet: täglich nov.-febr. 10.00-18.00, apr.-sept. 10.00-22.00, okt. & märz 10.00-20.00, eintritt: erwachsene 70 kč, studenten/kinder/senioren 50 kč, familien 200 kč, u-bahn: staroměstská, straßenbahn: 17, 18 karlovy lázně

(6) Im **Franz-Kafka-Museum** wird das Leben des Künstlers auf eine ganz besondere Art und Weise dargestellt, nämlich mit Lichteffekten, Geräuschen und Fotos. Den Einfluss, den Prag auf Kafka hatte, kann man hier regelrecht fühlen. Das Museum ist vor allem für diejenigen interessant, die mehr über Kafka und seine Beziehung zu Prag erfahren möchten.
cihelná 2b, kafkamuseum.tyden.cz, telefon: 2 575 355 07, geöffnet: täglich 10.00-18.00, eintritt: erwachsene 180 kč, studenten/senioren 120 kč, familien 490 kč, u-bahn: malostranská

(11) Das **Museum Kampa** ist an den drei lebensgroßen Babyfiguren des Künstlers David Černý zu erkennen, die sich direkt neben dem Gebäude befinden. Das Augenmerk der Kollektion liegt auf moderner Kunst aus Mittel- und Osteuropa. Ein Großteil der Sammlung gehört Meda Mládek, der in den 60er-Jahren siebzig Kunstwerke von mittel- und osteuropäischen Künstlern erwarb – mit dem Ziel, diese Kunst dem Rest der Welt vorzustellen.

u sovových mlýnů 2, www.museumkampa.cz, telefon: 2 57286147, geöffnet: täglich 10.00-18.00, eintritt: erwachsene 260 kč, studenten/senioren 130 kč, familien 390 kč, straßenbahn: 12, 20, 22 hellichova

(16) Im **Tschechischen Musikmuseum** (České muzeum hudby) werden historische Musikinstrumente ausgestellt. Es gibt natürlich Orgeln, Klaviere und Violinen, aber auch eine große Anzahl exotischer Musikinstrumente. Bei einigen der seltenen Exponate stellt sich einem die Frage, wie man sie spielt und wie sie wohl klingen mögen. Die Antwort bekommt man direkt vor Ort: Bei vielen Instrumenten hängt nämlich ein Kopfhörer, sodass man dem Klang des Instruments lauschen kann.

karmelitská 2, www.nm.cz, telefon: 2 57257777, geöffnet: mo 13.00-18.00, mi 10.00-20.00, do-so 10.00-18.00, eintritt: erwachsene 120 kč, studenten/ kinder/senioren 60 kč, familien 190 kč, straßenbahn: 12, 20, 22 hellichova

(21) Das **Kloster Strahov** (Strahovský Klášter) wurde 1140 von Vladislav II. gegründet. In den 800 Jahren, in denen das Kloster dem Prämonstratenser-Orden angehörte, wurde es unzählige Male angegriffen, beschädigt und wieder aufgebaut. Besonders sehenswert ist die Klosterbibliothek aus dem 17. Jahrhundert. Im Theologie- und Philosophiesaal der Bibliothek befinden sich rund 130.000 Bücher, unter anderem die Bibel in den verschiedensten Sprachen. Schauen Sie auch mal nach oben: Die gewölbten Decken sind mit zauberhaften Fresken versehen.

strahovské nádvoři 1, www.strahovskyklaster.cz, telefon: 2 33107730, geöffnet: täglich 9.00-12.00 & 12.30-17.00, eintritt: erwachsene 40 kč, studenten 20 kč, familien 80 kč, straßenbahn: 22 pohořelec

KARLSBRÜCKE ①

(22) In der **Strahov-Galerie** (Strahovská Obrazárna) ist eine wertvolle Sammlung gotischer, barocker und romantischer Kunst ausgestellt. Die Galerie wurde 1863 gegründet und umfasst inwischen mehr als 1500 Kunstwerke. Außerdem gibt es grafische Kunstwerke sowie Möbel, Glas, Porzellan, Juwelen und Textilien aus dem 14. Jahrhundert zu bestaunen.

strahovské nádvoří 1, www.strahovskyklaster.cz, telefon: 2 33107730, geöffnet: täglich 9.00-12.00 & 12.30-17.00, eintritt: (inklusive zugang zum kloster strahov) erwachsene 80 kč, studenten 40 kč, familien 150 kč, straßenbahn: 22 pohořelec

㉔ In der **Galerie Miro** finden immer wieder Sonderausstellungen statt, zum Beispiel über Picasso und Chagall.
strahovské nádvoří 1, www.galeriemiro.cz, telefon: 2 33354066, geöffnet: täglich 10.00-17.00, eintritt: je nach ausstellung 20-100 kč, straßenbahn: 22 pohořelec

㉕ Das **Loreto-Heiligtum** ist seit seiner Errichtung 1626 ein Wallfahrtsort. Hier stehen eine Kopie des Hauses der Heiligen Jungfrau, eine Kirche mit mehreren Kapellen und ein Glockenturm. Sehenswert: die Schatzkammer mit einer Monstranz aus dem Jahr 1698, die aus Gold und Silber gefertigt und mit 6222 Diamanten verziert ist.
loretánské náměstí 7, www.loreta.cz, telefon: 2 20516740, geöffnet: täglich apr.-okt. 9.00-12.15 & 13.00-17.00, nov.-märz 9.30-12.15 & 13.00-16.00, eintritt: erwachsene 110 kč, studenten 90 kč, familien 230 kč, u-bahn: hradčanská

㉗ Die grüne Kuppel auf der Malá Strana ist nicht zu übersehen: Sie gehört zur **St.-Nikolaus-Kirche**, einer ursprünglich gotischen Kirche aus dem Jahre 1283. Zwischen 1704 und 1756 erhielt die Kirche einen 79 m hohen barocken Turm. Die Decke der Kirche wird von einer Freskenmalerei geziert, die das Leben von St. Nikolaus zeigt. Diese Deckenmalerei von Johann Krackers aus dem Jahr 1761 ist die größte Europas! Noch ein Highlight: Auf der Kirchenorgel hat Mozart im Jahre 1746 gespielt.
malostranské náměstí 38, www.psalterium.cz, telefon: 2 57534215, geöffnet: täglich märz-okt. 9.00-17.00, nov.-febr. 9.00-16.00, eintritt: erwachsene 70 kč, studenten 30 kč, kinder bis zu 10 j. frei, straßenbahn: 12, 20, 22 malostranské náměstí

㉘ In der Zeit des Kommunismus hatte die StB (der Geheimdienst) über siebzig Beobachtungsposten in Prag. Im **Turm der St.-Nikolaus-Kirche** befand sich der Posten Kajka, von dem aus die amerikanische Botschaft überwacht wurde. Heute kann man hier eine Ausstellung über die StB ansehen.
malostranské náměstí 38, www.prazskeveze.cz, geöffnet: täglich apr.-sept. 10.00-22.00, nov.-febr. 10.00-18.00, okt. & märz 10.00-20.00, eintritt: turm erwachsene 70 kč, studenten/senioren/kinder 50 kč, familien 200 kč; kajka 30 kč, straßenbahn: 12, 20, 22 malostranské náměstí

㉙ Sie haben einen ganz besonderen Wunsch? Dann besuchen Sie am besten das **Prager Jesuskind** (Pražské Jezulátko) in der Kirche Maria vom Siege (Kostel Panny Marie Vítězné). Schon seit 300 Jahren kommen Menschen aus aller Welt hierher – in der Hoffnung, es geschehe ein Wunder und die 45 cm große Wachsfigur würde ihren Wunsch erfüllen. Die Nonnen der Kirche kleiden das Jesuskind immer abwechselnd in eines seiner siebzig Gewänder. *karmelitska 9, www.pragjesu.info, telefon: 2 57533646, geöffnet: mo-sa 8.30-19.00, so 13.00-18.00, keine besichtigungen während des gottesdienstes, eintritt: gegen eine spende, straßenbahn: 12, 20, 22 malostranské náměstí*

Essen & Trinken

(7) Das Restaurant **Hergetova Cihelna** gehört zur Kampa-Park-Gruppe. Eine Garantie für hervorragendes Essen und eine zuvorkommende Bedienung. Auf der Karte stehen internationale Gerichte: von Pasta über Tikka-Masala-Hühnchen bis hin zu Sashimi-Pizza mit rohem Thunfisch und Wasabi. Vom Restaurant aus haben Sie einen atemberaubenden Blick über den Fluss. Sehr beliebt bei Besuchern ist das gewagte Kunstwerk im Innenhof.
cihelna 2b, www.cihelna.com, telefon: 2 96826103, geöffnet: täglich 11.30-1.00, preis: 400 kč, straßenbahn: 12, 20, 22 malostranské náměstí

(8) Das exklusive Restaurant **Kampa Park** ist schon seit über 10 Jahre deshalb so vielbesucht, weil man hier einen romantischen Abend verbringen und zugleich der ein oder anderen Berühmtheit über den Weg laufen kann. Die beste Aussicht auf die Karlsbrücke haben Sie auf der Terrasse. Auf der Karte stehen feine französische und asiatische Gerichte, die sich nach dem Angebot der Saison richten.
na kampě 8b, www.kampapark.com, telefon: 2 96826112, geöffnet: täglich 11.30-1.00, preis: 600 kč, straßenbahn: 12, 20, 22 malostranské náměstí

(10) Die Straße **Na Kampě** ist voller Restaurants und jeder findet hier ganz bestimmt seinen Favoriten. Gehen Sie doch mal durch die Straße und versuchen Sie, einen Platz auf einer der schönen Terrassen zu ergattern. Einige der Restaurants haben auch einen idyllischen Hinterhof, wie beispielsweise das U Karlova Mostu (Hausnummer 15).
na kampě, straßenbahn: 12, 20, 22 malostranské náměstí

(12) Wenn Sie das **Café Savoy** betreten, bemerken Sie sofort, dass es Stil und Klasse hat. Das Brot schneidet man mit weißen Handschuhen, die Weinflaschen werden in einem großen Holzschrank präsentiert, und das Personal reagiert auf den kleinsten Wink. Während Sie Ihren Kaffee und ein Stück Kuchen genießen, sollten Sie unbedingt mal einen Blick auf die auffällige farbenfrohe Decke riskieren.
vítězná 5, www.ambi.cz, telefon: 2 57311562, geöffnet: mo-fr 8.00-22.30, sa-so 9.00-22.30, preis: 200 kč, straßenbahn: 6, 9, 12, 22 újezd

⑧ KAMPA PARK

⑭ Die freundliche Bedienung und die hervorragenden Köche machen das **Noi** zu einem der angesagtesten thailändischen Restaurants in Prag. Wählen Sie am besten einen Tisch mit Blick auf die Küche oder einen Platz im ruhigen Innenhof. Die Chilischoten auf der Karte geben an, wie scharf das jeweilige Gericht ist. Von fast jedem Gericht gibt es außerdem eine vegetarische Variante.

újezd 19, www.noirestaurant.cz, telefon: 2 57311411, geöffnet: täglich 11.00-1.00, preis: 250 kč, straßenbahn: 6, 9, 12, 20, 22 újezd

(20) Schon Sean Connery und die Rolling Stones haben im Restaurant **Bellavista** das Essen und den atemberaubenden Blick über Prag genossen. Auf der Karte stehen italienische Spezialitäten, Salate und viele weitere, immer wieder wechselnde Gerichte.
strahovské nádvoří 1, www.bella-vista.cz, telefon: 2 20517274, geöffnet: täglich 11.00-0.00, preis: 300 kč, straßenbahn: 22 pohořelec

(23) Im heutigen Restaurant **Klášterní Pivovar** befand sich von 1628 bis 1907 die Brauerei des Klosters Strahov. Die Brauerei wurde 2000 vollständig renoviert und seitdem wird hier wieder Bier gebraut. Vom Restaurant aus können Sie einen Blick auf die Kessel werfen, in denen das St.-Norbert-Bier lagert. Probieren Sie unbedingt ein köstliches frisch gezapftes helles oder dunkles Bier. Und wenn Sie zur Oster- oder Weihnachtszeit da sein sollten, dürfen Sie auf keinen Fall die Bierspezialitäten der Jahreszeit verpassen: Dann gibt es nämlich den Oster- bzw. Weihnachtsbock.
strahovské nádvoří 301, www.klasterni-pivovar.cz, telefon: 2 33353155, geöffnet: täglich 11.00-23.00, preis: 250 kč, straßenbahn: 22 pohořelec

(30) Hinter der kleinen Eingangstür des **U Staré Studny** befindet sich ein romantischer Gewölbekeller. Die Bar hat sich auf Cognac spezialisiert und dazu werden täglich wechselnde hausgemachte Pasteten, französische Käsesorten und Pralinen gereicht. Ein Genuss!
tržiště 3, www.ustarestudny.cz, telefon: 2 57530582, geöffnet: mo-sa 15.00-23.00, preis: 100 kč, straßenbahn: 12, 20, 22 malostranské náměstí

(34) Bei **Bohemia Bagel** gibt es allerlei Sorten frischer Bagels sowie üppige Frühstücksangebote und feine Salate. Die Auswahl geht von klassischen Bagels mit Lachs und Frischkäse bis hin zum Bagel mit gegrilltem Hühnchen und Cäsardressing oder einem Tofuburger mit Teriyaki-Soße. Auch die Muffins, Brownies und Käsekuchen sind sehr empfehlenswert.
lázeňská 19, www.bohemiabagel.cz, telefon: 2 57218192, geöffnet: täglich 7.30-19.00, preis: 125 kč, u-bahn: malostranská

Shoppen

(3) Über vierhundert hübsche, lustige und gruselige Marionetten gibt es bei **Marionety Pavel Truhlář**. Prag ist bekannt für seine vielen verschiedenen Marionettenläden, aber dieser ist wohl einer der authentischsten. Pavel arbeitet nämlich ausschließlich mit tschechischen Künstlern zusammen. Schauen Sie sich auch die Werkstadt hinten im Laden an.

u lužického semináře 5, www.marionety.com, telefon: 6 02689918, geöffnet: täglich 10.00-18.00, straßenbahn: 12, 20, 22 malostranské náměstí

(5) Bei **Shakespeare A Synové** gibt es neue und gebrauchte englische Bücher: von Kunst bis Drama, von Kinderbüchern bis Science-Fiction. Auch tschechische Literatur in englischer Übersetzung kann man hier bekommen. Hinten im Laden stehen ein paar gemütliche Stühle zum Probelesen.

u lužického semináře 10, www.shakes.cz, telefon: 2 57531894, geöffnet: täglich11.00-19.00, straßenbahn: 12, 20, 22 malostranské náměstí

(15) Der **Potten & Pannen Concept Store** ist ein Paradies für alle Köche und Köchinnen. In komplett eingerichteten Modellküchen können Sie luxuriöse Töpfe, Pfannen, Messer und Accessoires bekannter Marken bestaunen und erstehen.

újezd 25, www.pottenpannen.cz, telefon: 2 24214936, geöffnet: mo-sa 10.00-20.00, so 12.00-18.00, straßenbahn: 6, 9, 12, 20, 22 újezd

(26) Wer auf der Suche nach original tschechischem Design ist, der sollte zur **Faktor Traktor**. In diesem Geschäft finden Sie unter anderem Schmuck, Keramik, Tassen und T-Shirts – alles von tschechischen Designern entworfen.

radnické schody 9, www.tresek.cz/faktortraktor, telefon: 2 20513868, geöffnet: täglich 11.00-17.00, straßenbahn: 12, 20, 22 pohořelec

(31) Einem Retro-Laden wie der **Phase 2 Boutique** würde man gerne öfter mal einen Besuch abstatten: hip, ohne den komischen Geruch, der einem oft in anderen Secondhandläden entgegenschlägt. Hier gibt es Designermode, maßgeschneiderte Kleidung und Taschen, zum Beispiel von Gucci.

tržiště 8, telefon: 2 57532998, geöffnet: mo-fr 10.00-18.00, sa 12.00-18.00, straßenbahn: 12, 20, 22 malostranské náměstí

SHAKESPEARE A SYNOVÉ ⑤

㉜ Dem Namen **Manufaktura** begegnet man in Prag häufiger. Alles in diesem Geschäft ist von der Natur inspiriert. Es gibt natürliche Kosmetik, die ohne Tierversuche auskommt, Spielzeug aus Holz, Kerzen und Porzellan. *mostecká 17, www.manufaktura.cz, telefon: 2 21632480, geöffnet: so-do 10.00-19.00, fr-sa 10.00-20.00, u-bahn: malostranská*

㉝ Wer auf der Suche nach farbenfrohen Gläsern ist, der sollte auf jeden Fall bei **Blue** vorbeischauen. Hier werden nicht nur hübsche Schalen und Gläser verkauft, sondern auch T-Shirts, Prag-Bücher und Souvenirs. *mostecká 24, www.bluepraha.cz, telefon: 2 57533716, geöffnet: mo-do 10.00-21.45, fr-so 10.00-22.30, u-bahn: malostranská*

100 % there

④ Lust auf Romantik? Dann ist die **Prager Venedig-Tour** genau das Richtige. Auch wenn Sie nicht mit dem Boot fahren möchten, ist der Anlegeplatz einen Besuch wert. Wenn Sie einen Blick auf das Wasserrad werfen, dann wissen Sie, warum diese Gegend auch das Venedig von Prag genannt wird.

insel kampa, www.prazskebenatky.cz, telefon: 7 76776779, geöffnet: täglich märz-aug. 10.30-22.00, sept.-okt. 10.30-20.00, nov.-febr. 10.30-18.00, preis: bootstour 45 minuten erwachsene 350 kč, kinder 90-140 cm 190 kč, kinder bis 90 cm frei, straßenbahn: 12, 20, 22 malostranské náměstí

⑨ Die **Insel Kampa** ist eine relativ ruhige Insel, die durch den Teufelsbach vom Festland getrennt ist. Der Na-Kampě-Platz ist von kleinen lebhaften Cafés und Restaurants umgeben, im Süden der Insel hingegen liegt ein ruhiger Park mit vielen Bäumen. Perfekt, um sich von der Hektik der Stadt zu erholen.

insel kampa, straßenbahn: 12, 20, 22 malostranské náměstí

⑬ Der **Petřín-Hügel** ist 318 m hoch und damit einer der höchsten Orte in Prag – ideal für einen relaxten Spaziergang, bei dem Sie die herrliche Aussicht über die Stadt genießen können. Auf dem Weg zum "Eiffelturm" kommen Sie an der Hungermauer (Hladová Zed) vorbei, die von der Újezd bis zur Strahov verläuft. Die Mauer wurde 1362 von armen Bürgern im Tausch gegen Essen errichtet und erhielt so ihren Namen.

petřín-hügel, straßenbahn: 6, 9, 12, 20, 22 újezd

⑰ Für alle, die keine Lust haben, den Petřín-Hügel zu Fuß zu erklimmen, gibt es eine kleine **Bimmelbahn**. Sie können nach zwei Dritteln der Strecke beim Restaurant Nebozízek aussteigen oder bis hoch zur Spitze mitfahren. Übrigens: In der Bimmelbahn können Sie die normalen Tickets für den öffentlichen Nahverkehr benutzen. Vergessen Sie jedoch nicht, Ihr Ticket vor Fahrtantritt abzustempeln.

unten am petřín-hügel, telefon: 2 57315216, geöffnet: täglich alle 10-15 min. apr.-okt. 9.00-23.30, nov.-märz 9.00-23.20, straßenbahn: 6, 9, 12, 20, 22 újezd

KAMPA-INSEL ⑨

⑱ Auf dem Petřin-Hügel steht der **Petřin-Turm** (Petřínská Rozhledna), der 1891 erbaut wurde. Von dieser Miniaturausgabe des Eiffelturms aus haben Sie einen wunderschönen Blick über Prag. Nach der Turmspitze sollte man sich unbedingt den Keller anschauen: Hier liegt das Museum von Jára Cimrman. Cimrman lebte Ende des 19. Jahrhunderts und war Erfinder, Abenteurer und Schriftsteller. Leider blieb ihm die Anerkennung zu Lebzeiten verwehrt, bis er 2005 plötzlich als "größter Tscheche aller Zeiten" ausgezeichnet wurde. Seine Erfindungen und Abenteuer sind tatsächlich so unglaublich, dass man sich manchmal fragt, ob wirklich alles wahr sein kann.

petřin-hügel, www.petrinska-rozhledna.cz, telefon 7 2491497, geöffnet: täglich nov.-febr. 10.00-18.00, apr.-sept. 10.00-22.00, okt. & märz 10.00-20.00, eintritt: erwachsene 100 kč, studenten/senioren/kinder 50 kč, familien 250 kč, straßenbahn: 6, 9, 12, 20, 22 seminářskou zahradou

⑲ Im **Spiegellabyrinth** (Bludiště) auf dem Petřin-Hügel gibt es jede Menge "Lachspiegel". Schauen Sie doch mal, wie Ihr Spiegelbild mit einem Mal lang und schlank wird, und kurz darauf wieder klein und dick. Ein Spaß für Kinder und Erwachsene gleichermaßen!

petřin-hügel, www.petrinska-rozhledna.cz, telefon 7 24911497, geöffnet: täglich nov.-febr. 10.00-18.00, apr.-sept. 10.00-22.00, okt. & märz 10.00-20.00, eintritt: erwachsene 70 kč, studenten/senioren/kinder 50 kč, familien 200 kč, straßenbahn: 6, 9, 12, 20, 22 seminářskou zahradou

Karlsbrücke & Malá Strana

Der Spaziergang beginnt an der Karlsbrücke (1), Altstadt-Seite (2). Überqueren Sie die Brücke und biegen Sie vor dem großen Bogen rechts ab. Direkt rechts die Treppen hinunter, dann um die Ecke zum Marionettengeschäft (3). Rechts haben Sie einen tollen Moldau-Blick (Bootstour!) (4). Links neben dem Hotel Certovka können Sie englische Bücher kaufen, ein Museum besuchen und gut essen (5) (6) (7). Gehen Sie zurück und unter der Brücke weiter Richtung Kampa. Links liegt ein gutes Restaurant (8). Gehen Sie durch Kampa (9) (10) und am Fluss entlang zum Kampa Museum (11). Durch den Park, dann links in die Šeřiková. Am Ende der Straße können Sie links zum Café Savoy (12) abbiegen. Ansonsten gehen Sie rechts bis Sie zur Újezd zum Fuße des Petřin-Hügels (13). Gehen Sie die Ujzed nach rechts. Hier können Sie ins Museum gehen, einkaufen und thailändisch essen (14) (15) (16). Steigen Sie den Hügel hinauf oder nehmen Sie die Bimmelbahn (17). Orientieren Sie sich an den Schildern, die auf den Petřin-Turm (18) weisen. Rechts neben dem Turm liegt das Spiegellabyrinth (19). Wenn Sie genau gegenüber vom Turm sind und nach unten gehen (halten Sie sich links), kommen Sie zu einer steilen Treppe. Gehen Sie diese hinunter bis zur Kreuzung, an der rechts Parkbänke stehen. Hier biegen Sie links ab. Folgen Sie den Schildern Richtung Strahovský Kláster. Sie kommen am Restaurant Bellavista (20) vorbei und danach am Kloster Strahov mit Bibliothek (21) und Galerie (22) und dem Klášterní Pivovar (23). Es folgt die Miro Galerie (24). Gehen Sie durch das Tor hinaus und biegen Sie rechts in die Pohorelec (25). Gehen Sie durch die Loretanská (links halten) weiter hinunter und biegen Sie in der Radnické Schody rechts auf die Treppen (26) ab. Gehen Sie dann über die Nerudova, bis Sie am Malostranské Náměstí Platz angekommen sind. Gehen Sie rechts um die St.-Nikolaus-Kirche herum (27) (28) und biegen Sie rechts ab in die Mostecká. In der Seitenstraße Karmelitská können Sie das Jesuskind von Prag (29) besichtigen. Gehen Sie dann zurück durch die Karmelitská und biegen Sie links in die Tržiště ab zur Weinbar U Staré Studny (30) und zum Vintage-Laden Phase 2 Boutique (31). Gehen Sie zurück in die Karmelitská und an der Mostecká nach rechts (viele kleine Läden (32) (33)). In der Seitenstraße Lázěnská können Sie Ihren Hunger mit einem leckeren Bagel stillen (34).

Jüdisches Viertel

Kontraste: jüdisches Ghetto & schicke Boulevards

Das jüdische Viertel (Josefov) liegt im Norden der Altstadt und beherbergt die Überreste des ehemaligen jüdischen Ghettos. Jahrhundertelang haben hier Juden gewohnt, gelebt und gearbeitet. Das Viertel wurde 1850 nach Kaiser Jozef II. benannt, der dem Stadtteil im Jahre 1781 die gleichen Rechte verlieh, über die andere Prager Stadtteile schon länger verfügten.

Das Viertel wurde im 11. Jahrhundert erbaut, als die jüdischen Einwohner von Prag dazu gezwungen wurden, innerhalb der Ghettomauern zu wohnen. Zeiten von relativer Freiheit und Phasen von Unterdrückung wechselten sich seitdem ab. Überfüllt und heruntergekommen war es jedoch fast immer: Bis zu 18.000 Menschen lebten eng zusammengepfercht in den kleinen Häusern. Ende des 19. Jahrhunderts wurde der größte Teil abgerissen, um ein Viertel mit Pariser Charme zu erbauen. Und tatsächlich: Auf den schicken Boulevards wie der Pařížská mit ihren wunderschönen Jugendstil-Häusern fühlt man sich tatsächlich wie in Frankreich.

4

Von dem ehemaligen Ghetto sind nur sechs Synagogen, der Friedhof und das Rathaus erhalten, die nun Teil des 1906 gegründeten Jüdischen Museums sind. Die Nazis haben diese Gebäude im Zweiten Weltkrieg absichtlich nicht zerstört: Mit den Gegenständen und Kunstwerken, die sie in Synagogen in Böhmen und Mähren in Beschlag genommen hatten, wollte sie hier ein Museum „der ausgestorbenen Rassen" aufbauen. Heute ist dieser Ort ein Erinnerungsdenkmal an die vielen Jahrhunderte der Unterdrückung.

Ein Spaziergang durch das jüdische Viertel mit seinen vielen schönen Gebäuden ist sehr faszinierend. Hier fühlt man die Geschichte, wird aber auch von ganz zeitgemäßen Dingen beeindruckt: Rundum die Dušni Straße gibt es zum Beispiel viele junge tschechische Designerläden, und die Pařížská gilt als die teuerste Einkaufsstraße Prags. Auch abends ist hier eine Menge los. Wie wär's mit einem Dinner in einem hippen kleinen Restaurant oder einem Cocktail in einer gemütlichen Bar in der Dlouhá Straße?

6 Insider-Tipps

Spaziergang

Den Fluss entlang spazieren
und Prager Highlights
besichtigen.

Jüdischer Friedhof

Jahrhundertealte Gräber
ansehen und die Ruhe
genießen.

Lokál

Traditionell tschechisch
essen- mit Blick in die
Vergangenheit.

PastaCaffé

Köstliche Pasta probieren.

Rudolfinum

Ein Konzert im schönen
Konzertsaal erleben.

Pařížská Třída

Sich zu einem
Schaufensterbummel
aufmachen.

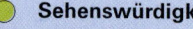 **Sehenswürdigkeiten**

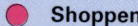 **Shoppen**

 Essen & Trinken

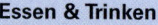 **100% there**

Sehenswürdigkeiten

(3) Auf diesem Spaziergang gehören die meisten Sehenswürdigkeiten zum
Jüdischen Museum. Das Museum wurde 1906 gegründet, um den
Schätzen aus den Synagogen, die beim Umbau des Viertels abgerissen
wurden, eine neue Unterkunft zu bieten. Die Sammlungen des Museums
geben einen guten Einblick in die Geschichte der Prager Juden.
Eintrittskarten für alle Sehenswürdigkeiten des Jüdischen Museums sind in
der Ceremonial Hall (Obřadní Síň), der Pinkas-Synagoge (Pinkasova Synagóga)
und der Spanischen Synagoge (Španělská Synagóga) erhältlich.
*maiselova 10, www.jewish-museum.cz, telefon 2 223 171 91, geöffnet alle
bereiche des museums geöffnet apr.-okt.; so.-fr. 9.00-18.00, nov.-märz; so.-fr.
9.00-16.30, an jüdischen feiertagen geschlossen (daten je nach jahr
unterschiedlich, infos erhalten sie auf der webseite des museums), preis:
eintritt für alle sehenswürdigkeiten erwachsene 480 kč, kinder/studenten 320
kč, nur Altneu-Synagoge erwachsene 200 kč, kinder/studenten 140 kč, metro
staroměstská*

(4) Die **Maisel-Synagoge** (Maiselova Synagóga) wurde Ende des 16.
Jahrhunderts errichtet und diente dem Bürgermeister Mordechai Maisel als
Gebetsraum. 1689 wurde die Synagoge bei einem Feuer im Ghetto zerstört
und später so wieder aufgebaut, wie man sie heute sieht. In der Synagoge
befindet sich eine Ausstellung über die Geschichte der Juden in Böhmen und
Mähren vom 10. bis zum 18. Jahrhundert.
maiselova 10, metro staroměstská

(5) Die **Altneu-Synagoge** (Staronová Synagóga) wurde um das Jahr 1270
fertiggestellt und ist damit die älteste Synagoge Europas, die noch genutzt
wird. Die Synagoge hat seit ihrer Errichtung einige Brände und Belagerungen
überstanden. Ihr ursprünglicher Name „Neue Synagoge" wurde nach dem
Bau einer weiteren Synagoge verändert. In der Altneu-Synagoge wird noch
heute gebetet, Männer müssen daher bei der Besichtigung ihren Kopf
bedecken. Kopfbedeckungen sind am Eingang erhältlich.
červená 1, metro staroměstská

⑥ Die ursprüngliche **Klausen-Synagoge** wurde zusammen mit zehn weiteren Synagogen 1689 bei einem Ghettobrand zerstört. 1694 wurde die Synagoge im Barockstil wieder aufgebaut und ist heute noch zu besichtigen. Im Inneren des Gebäudes befindet sich der erste Teil der Ausstellung über jüdische Bräuche und Traditionen. Hier erfahren Sie alles über die Rolle der Synagoge im Alltagsleben sowie an Feier- und Festtagen wie Geburt, Bar Mitswa und Hochzeit.

u starého hřbitova 1, metro staroměstská

⑦ Die **Ceremonial Hall** (Obřadní Síň) wurde 1911-1912 im pseudoromanischen Stil erbaut und diente als Zeremoniensaal und Leichenhalle. Hier können Sie den zweiten Teil der Ausstellung über jüdische Gebräuche und Traditionen sehen. Hauptthemen sind Krankheit und Tod.

u starého hřbitova 3, metro staroměstská

⑩ Im **Museum für angewandte Kunst** (Uměleckoprůmyslové museum) kann man Designerstücke aus früheren Zeiten bestaunen. Die Sammlung umfasst unter anderem viele verzierte Glocken und Gläser. Oft gibt es bemerkenswerte Sonder-Ausstellungen mit neueren Designgegenständen.

17. listopadu 2, www.upm.cz, telefon 2 510 931 11, geöffnet di. 10.00-19.00, mi.-so. 10.00-18.00, preis: eintritt museum + temporäre ausstellung erwachsene 120 kč, studenten/senioren/kinder 70 kč, familie 200 kč. nur temporäre ausstellungen; erwachsene 80 kč, Studenten/Senioren/Kinder 40 kč, Familie 200 kč, jeden Dienstag 17.00-19.00 gratis, metro staroměstská

⑬ Die **Pinkas-Synagoge** (Pinkasova Synagóga) aus dem Jahr 1535 wurde nach dem Zweiten Weltkrieg in ein Erinnerungsdenkmal für die tschechischen Juden umgewandelt, die in Theresienstadt und anderen Konzentrationslagern ums Leben kamen. Die Namen der fast 80.000 Opfer sind an die Mauern der Synagoge geschrieben. Im oberen Stockwerk gibt es eine Dauerausstellung mit Zeichnungen von Kindern aus Theresienstadt. Ergreifend und sehr traurig!

široká 3, metro staroměstská

MUSEUM FÜR ANGEWANDTE KUNST ⑩

③ JÜDISCHES MUSEUM

⑭ Auf dem **jüdischen Friedhof** (Starý Židovský Hřbitov) aus dem 15. Jahrhundert stehen 12.000 Grabsteine. Der älteste ist von Avidor Karo (1439), der jüngste von Moses Beck (1787). Aus Platzmangel wurden die Toten in mehreren Schichten übereinander begraben. Dieser Ort hinterlässt einen bleibenden Eindruck!
široká 3, metro staroměstská

㉑ Die **Spanische Synagoge** (Španělská Synagóga) wurde 1868 im maurischen Stil erbaut. Die Gestaltung der Fassade erinnert an die Alhambra in Spanien - daher auch der Name. In dem Gebäude informiert eine Ausstellung über die Geschichte der tschechischen jüdischen Gemeinschaft- von der Aufklärung über ihre Emanzipation bis zur Gegenwart. Diese Ausstellung bildet die Fortsetzung der Ausstellung in der Maisel-Synagoge.
vězeňská 1, metro staroměstská

㉙ Das **St.Agnes-Kloster** (Klašter Sv. Anežky Česke) wurde 1234 von König Wenzel I. für die Klarissen gegründet, und seine Schwester Agnes war dort die erste Äbtissin. Von 1782 an stand das Kloster leer; erst in den 60er Jahren wurde es wieder liebevoll restauriert. Heute befindet sich ein Teil der Nationalgalerie in dem Kloster. Neben der Ausstellung über mittelalterliche Kunst in Böhmen und Zentraleuropa gibt es häufig sehenswerte Sonderausstellungen.
u milosrdných 17, www.ngprague.cz, telefon 2 248 106 28, geöffnet di.-so. 10.00-18.00, preis: eintritt erwachsene 150 kč, kinder 80 kč, metro náměstí republiky, staroměstská, tram 5, 8, 14 dlouhá třída

② **LA BODEGUITA DEL MEDIO**

Essen & Trinken

① Starten Sie Ihren Tag im freundlichen, hellen **Mistral Café**. Auf der Frühstückskarte finden Sie unter anderem Pfannkuchen mit Marmelade und Schokoladenteilchen, Brioche oder Joghurt mit Cornflakes und frischem Obst. Auch Mittag- und Abendessen schmecken hier ausgezeichnet.
valentinská 11, www.mistralcafe.cz, telefon 2 223 177 37, geöffnet täglich 9.00-23.00, preis: frühstück 100 kč, abendessen 200 kč, metro staroměstská

② Mojitos, Cuba Libre, karibische Klänge ... im kubanischen Restaurant **La Bodeguita del Medio** fühlt man sich direkt wie in Havanna. Und um Ihr Abendessen mit Stil abzurunden, wählen Sie aus dem großen Zigarrenmenü Ihren Lieblings-Paffer.
kaprová 5, www.labodeguitadelmedio.cz, telefon 2 248 139 22, geöffnet di.-sa. 11.00-4.00, so.-mo. 11.00-2.00, preis: 400 kč, metro staroměstská

⑨ Die besten Miesmuscheln der Stadt gibt es bei **Les Moules**. Die belgische Brasserie schenkt 35 belgische und zwei tschechische Biersorten aus. Lecker: die Spezialitäten und Desserts mit belgischer Schokolade.
pařížská 19, www.lesmoules.cz, telefon 2 223 150 22, geöffnet täglich 11.00-0.00, preis: 450 kč, metro staroměstská

⑮ Nach einem Spaziergang durch das Jüdische Viertel ist das **Le Café Colonial** mit seinen gemütlichen Sitzecken und seiner farbenfrohen Einrichtung ideal, um wieder zu Kräften zu kommen. Probieren Sie die köstlichen hausgemachten Nudeln und die guten Salate.
široká 6, www.lecafecolonial.cz, telefon 2 248 183 22, geöffnet täglich 10.00-0.00, preis: 500 kč, metro staroměstská

⑯ Mitten im jüdischen Viertel liegt das älteste Restaurant von Prag, das koscheres Essen anbietet: **King Solomon**. Suchen Sie sich im Wintergarten oder im gotischen Gewölbe einen schönen Platz! Auf der Karte stehen koschere Gerichte mit Lammfleisch, Ente und Wild.
široká 8, www.kosher.cz, telefon 2 248 187 52, geöffnet so.-do. 12.00-23.00, fr. sabbatabendessen mit reservierung, sa. sabbatmittagessen mit reservierung, preis: 600 kč, metro staroměstská

(19) Das **Barock** ist das Mekka für alle Sushi- und Sashimi-Liebhaber. Das klare, orangenfarbene Design mit Postern von tschechischen Models an der Wand hinterlässt- genau wie die Bedienung- einen sehr stilvollen Eindruck.
pařížská 24, www.barockrestaurant.cz, telefon 2 223 292 21, geöffnet täglich 10.00-1.00, preis: 500 kč, metro staroměstská

(20) Der Chefkoch der **La Veranda**, Radek David, hat schon viele Preise gewonnen, unter anderem wurde er zum „Chefkoch des Jahres" gekrönt. Wenn Sie eines seiner internationalen Gerichte probieren, wissen Sie, warum. Die Menüs wechseln je nach Jahreszeit, und viele der Zutaten kommen von kleinen tschechischen Bauernhöfen. Im oberen Stockwerk geht es locker zu, im unteren Stockwerk und in der Weinbar mit den gemütlichen Sitzecken ist die Atmosphäre etwas intimer.
elišky krásnohorské 2, www.laveranda.cz, telefon 2 248 147 33, geöffnet mo.-sa. 12.00-0.00, preis: 500 kč, metro staroměstská

(26) Two in one: Das **Nostress** ist sowohl Galerie als auch Café. Hier gibt es französische und thailändische Spezialitäten, und nach dem Essen können Sie auch noch shoppen: Es werden allerlei schöne, kleine Dinge sowie Einrichtungsgegenstände wie Möbel, Vasen, Schalen und sogar Kaffeemaschinen angeboten.
dušni 10 (Eingang v kolkovně), www.nostress.cz, telefon 2 223 170 07, geöffnet täglich 10.00-24.00, preis: 300 kč, metro staroměstská

(27) Mindestens einmal sollten Sie in Prag richtig tschechisch essen gehen. Tipp: das **Kolkova**. Probieren Sie eine deftige tschechische Suppe, Gulasch, gegrilltes Fleisch oder gegrillte Ente mit Kohl. Unbedingt reservieren!
v kolkovně 8, www.kolkovna.cz, telefon 2 248 197 01, geöffnet täglich 11.00-24.00, preis: 200 kč, metro staroměstská

(28) Wenn Sie Lust auf Nudeln haben, gehen Sie am besten ins **PastaCaffé**. Bestellen Sie in diesem trendy Restaurant zum Beispiel Pasta mit frischem Pesto und Basilikum. Über das Sprachgewirr nicht wundern: Im Sommer treffen sich hier sämtliche Ausländer, die in Prag arbeiten.
věznská 1, www.ambi.cz, telefon 2 248 132 57, geöffnet mo.-sa. 8.00-22.00, so. 10.00-22.00, preis: 175 kč, metro staroměstská

(1)

(31)

(26)

NOSTRESS

(30) Gibt es etwas zu feiern? Das Toprestaurant **La Degustation Bohême Bourgeoise** serviert jeden Tag ein anderes siebengängiges Menü. Alle Gerichte bereitet Chefkoch Oldřich Sahajdák aus sorgfältig ausgewählten Bio-Produkten zu. Möchten Sie gerne ein paar Gerichte probieren, aber das ganze Menü ist Ihnen einfach zu teuer? Dann können Sie zur Mittagszeit vorbeikommen, oder um 18.00 und 22.00 Uhr ein viergängiges pre-théâtre Menü bestellen.

haštalská 18, www.ladegustation.cz, telefon 2 223 112 34, geöffnet mo.-sa. 18.00-0.00, di.-do. auch 12.00-14.30, preis: menü 2500 kč, menü pre-théâtre 1000 kč, mittagessen 480 kč, metro náměsti republiky

(31) Seit der Eröffnung im Jahr 2010 ist das **Lokál** eines der beliebtesten Restaurants Prags. Eine moderne Interpretation eines kommunistischen Restaurants- originalgetreu bis zu den stilechten Gardinen, den ins Holz gekratzten Graffitis und den orangefarbenen Lampen. Auf der täglich wechselnden Karte stehen tschechische Klassiker wie in Butter gebratenes Schnitzel mit Kartoffelsalat, Prager Schinken mit Sahne und scharfe Wurst mit Meerrettich. Unbedingt mal vorbeischauen, aber vorher reservieren!

dlouhá 33, www.ambi.cz, telefon 2 223 162 65, geöffnet mo.-fr. 11.00-1.00, sa. 12.00-1.00, so. 12.00-2.00, preis: 200 kč, metro náměsti republiky

(32) Die Tschechen sind bekannt für ihren Bierkonsum, und jede Region hat ihre eigene Brauerei. Wenn Sie gerne mal ein paar regionale Biere probieren möchten, sollten Sie das **Prague Beer Museum** besuchen. Erwarten Sie bitte keine alten Brauereikessel, Kupferleitungen oder Führungen. Dieses Museum ist eine ganz gewöhnliche Bar, mit dem Unterschied, dass hier dreißig, immer wieder wechselnde, regionale Biere ausgeschenkt werden.

dlouhá 46, www.praguebeermuseum.com, geöffnet täglich 12.00-3.00, preis: 50 kč, metro náměsti republiky

Shoppen

(8) In der Straße **U Starého Hřbitova** finden Sie allerlei kleine Läden und Stände, an denen Sie Souvenirs kaufen können. Hier gibt es unter anderem kleine Malereien, Mucha-Magnete und Schneekugeln, aber auch jüdische Kopfbedeckungen sowie Schmuck.
u starého hřbitova, metro staroměstská

(17) Bei **Galex** gibt es Lederhandschuhe in allen Farben des Regenbogens sowie wunderschön bemalte Ledertaschen und Portemonnaies. Passend dazu gibt es natürlich auch die Schuhe. Ein Tipp für alle Fashionistas!
maiselova 12, www.galex.cz, telefon 2 223 290 06, geöffnet mo.-fr. 9.00-18.00, sa. 10.00-17.00 (feb. sa. geschlossen), metro staroměstská

(18) Was der Kudamm für Berlin ist, ist die **Pařížská Třída** für Prag. In der- auch Pariser Boulevard genannten- Einkaufsstraße wechseln sich Schmuck- und Kristallgeschäfte sowie Luxus-Boutiquen ab. Unter anderem sind hier Hugo Boss, Dunhill und Calvin Klein vertreten.
pařížská třída, metro staroměstská

(22) In der kleinen Boutique der Modedesignerin **Hana Havelková** gibt es ausgefallene Kleider, Blusen und Schmuck. Wer hier ein Stück erstanden hat, stiehlt auf der nächsten Party garantiert jeder anderen die Show.
dušní 10, www.havelkova.com, telefon 2 223 267 54, geöffnet mo.-fr. 11.00-18.00, metro staroměstská

(23) Im Einrichtungsgeschäft **Le Patio** kann man sich nicht sattsehen an all den schönen Gegenständen für Zuhause! Ein indisches Tablett aus Holz, Lampen aus Marokko, Schalen aus Tschechien und sogar Kristall vom königlichen Designers des Buckingham Palace - was darf es sein?
dušní 8, www.lepatio.cz, telefon 2 223 103 10, geöffnet mo.-sa. 10.00-19.00, so. 11.00-19.00, metro staroměstská

BOHÉME (24)

(24) Bei **Bohéme**, der Boutique der Designerin Hana Stocklassová, gibt es eine herrliche Damen-Kleiderkollektion: gute Qualität, tragbar und zeitlos. *dušni 8, www.boheme.cz, telefon 2 248 138 40, geöffnet mo.-fr. 11.00-19.00, sa. 11.00-17.00, metro staroměstská*

(25) In der Boutique **Tatiana** hat man sich einem Ziel verschrieben: mit sexy-kreativen und spielerischen Entwürfen die weiblichen Formen betonen. Hier gibt es nicht nur Kleidung, sondern auch schöne Accessoires. *dušní 1, www.tatiana.cz, telefon 2 248 137 23, geöffnet mo.-fr. 10.00-19.00, sa. 11.00-16.00, metro staroměstská*

100% there

⑪ Einer der schönsten Orte, um sich ein klassisches Konzert anzuhören, ist die Dvořák Halle im **Rudolfinum**, in dem das tschechische Philharmonie-orchester seit 1946 seinen Hauptsitz hat. Schauen Sie unbedingt mal vorbei und erkundigen Sie sich an der Kasse, ob es noch freie Plätze gibt. Das Rudolfinum ist auch ohne Konzert einen Besuch wert, allein schon wegen der beeindruckenden Fassade. Das Gebäude wurde 1876-1884 im Neurenaissance-Stil erbaut. Von 1918 bis 1939 sowie von 1945 bis 1946 hatte das Parlament hier seinen Sitz.
alšovo nábreži 12, www.ceskafilharmonie.cz, telefon 2 270 592 27, geöffnet kasse geöffnet mo-.fr. 10.00-18.00 und 1 stunde vor der vorstellung, metro staroměstská

⑫ Vor dem Rudolfinum kann man wunderschön am **Fluss entlang spazieren**. Laufen Sie ein Stück nach links und genießen Sie die herrliche Aussicht auf die Prager Burg, die Malá Strana und die belebte Karlsbrücke. Hier gibt es auch ein paar Parkbänke, auf denen Sie sich ausruhen können.
alšovo nábreži, metro staroměstská

㉝ Entspannung erwünscht nach einem anstrengenden Tag in Prag? Dann nehmen Sie doch mal ein Bierbad im **Pivní Láně Zoto**! Zuerst gibt es im Holzzuber ein Massagebad mit Kräutern, Gerstenextrakt und Hopfen, das „optimale Entspannung und seidenglatte Haut" verspricht. Während des Bades können Sie sich soviel Bier zapfen, wie Sie wollen. Danach ruhen Sie sich noch eine Weile auf dem Strohbett aus, bevor es ganz erfrischt wieder nach draußen geht.
masná 5, www.pivnilaznezoto.cz, telefon 2 223 167 42, preis: 1 person 1600 kč, 2 personen 2500 kč, metro náměsti republiky~

Jüdisches Viertel

Machen Sie diesen Spaziergang am besten nicht an einem Samstag, denn dann sind alle jüdischen Sehenswürdigkeiten geschlossen. An der U-Bahn-Station Staroměstská nehmen Sie den Ausgang Kaprova links von der Rolltreppe. Links in der Valentinská können Sie im Mistral Café frühstücken (1). Gehen Sie nach rechts in die Kaprova und reservieren Sie einen Tisch für den Abend (2). Gehen Sie weiter bis zum Náměstí Franze-Kafky-Platz. Hier biegen Sie links ab (3) (4). Gehen Sie geradeaus weiter zur Altneu-Synagoge (5). Dann links in die U Starého Hřbitova zu Klausen-Synagoge (6) und Ceremonial Hall (7). In dieser Straße gibt es viele Souvenirläden (8). Gehen Sie die Straße zum belgischen Restaurant Les Moules (9). Gehen Sie links durch die Břehová und dann links bis zur Hausnummer 17 der Listopadu. Besuchen Sie das Museum der Schönen Künste (10) und fragen Sie nach einer Konzertkarte (11). Gehen Sie am Fluss entlang (12), dann links in die Široká zum Rudolfinum. Hier befinden sich auch die Pinkas-Synagoge (13) und der Jüdische Friedhof (14). Verlassen Sie den Friedhof wieder durch den Eingang. Lunchen Sie beim Le Café Colonial (15) oder bei King Solomon (16). Kaufen Sie sich bei Galex (17) ein paar neue Handschuhe. Überqueren Sie die teure Einkaufsstraße Pařižská (18) und biegen Sie links ab, wenn Sie es dekadent mögen (19). Biegen Sie an der Bílkova rechts ab. Hunger? Gehen Sie dann rechts in die Elišky Krásnohorské zum Restaurant La Veranda (20). Die zweite Straße rechts von der Bílkova ist die Dušní. Gehen Sie die bis zur Spanischen Synagoge (21). Wenn Sie die Dušní geradeaus weitergehen, kommen Sie an Designerläden vorbei (22) (23) (24) (25). Sie können auch in die V Kolkovné gehen, um dort bei Nostress (26) oder Kolkovna (27) etwas zu essen. Ansonsten biegen Sie an der Kreuzung links in die Vězeňska ab (28). Gehen Sie dann links in die kleine Straße Kozí. Biegen Sie an der U Milosrdných rechts ab. Diese Straße führt zum St.-Agnes-Kloster mit der Nationalgalerie (29). Gehen Sie dann um die Ecke an einer Kirche vorbei. Hier können Sie schick zu Abend essen (30). Gehen Sie rechts in die Haštalská und dann links in die Rámová. Dann sind Sie auf der Dlouhá. Biegen Sie links ab, um den Spaziergang mit einem Bier oder einem Essen zu beenden (31) (32). Oder gehen Sie links in die Masná, um sich mit einem Bierbad zu verwöhnen (33).

LETENSKÉ SAD...

NÁBŘEŽÍ E...

sv. Maří
Magdalena

Úřad vlády
ČR

KOSÁRKOVO NÁBŘEŽÍ

DVOŘÁKOVO NÁB...

ČVUT

BŘE...

17. LISTOPAD...

Rudol-
finum

ALŠOVO NÁBŘEŽÍ

MÁNESŮV
MOST

⑩

⑪

⑫

Umělecko...
rům. muz...

start
Ⓜ
①

VŠUP
Staroměstská

ALŠOVO
NÁBŘEŽÍ

VELESLAVÍNOVA

VALENTINSKÁ

sv. František
z. Assisi

Karlův most
(Karlsbrücke)

KŘIŽOVNICKÁ

SPAZIERGANG 3

Klementinum

KARLOVA

muzeum
B. Smetany

ANNENSKÉ
NÁM.

ŘE...

LILIOVA

Náprstkovo
muzeum

0   150 m

① Mistral Café
② La Bodeguita del Medio
③ Jüdisches Museum
④ Maisel-Synagoge
⑤ Altneu-Synagoge
⑥ Klausen-Synagoge
⑦ Zeremonienhalle
⑧ U Starého Hřbitova
⑨ Les Moules
⑩ Museum für angewandte Kunst
⑪ Rudolfinum
⑫ Uferspaziergang
⑬ Pinkas-Synagoge
⑭ Jüdischer Friedhof
⑮ Le Café Colonial
⑯ King Solomon
⑰ Galex
⑱ Pařížská Třída
⑲ Barock
⑳ La Veranda
㉑ Spanische Synagoge
㉒ Hana Havelková
㉓ Le Patio
㉔ Bohéme
㉕ Tatiana
㉖ Nostress
㉗ Kolkovna
㉘ PastaCaffé
㉙ St.-Agnes-Kloster
㉚ La Degustation Bohême
    Bourgeoise
㉛ Lokál
㉜ Biermuseum
㉝ Pivní Lánzě Zoto

Neustadt

Jugendstil-Architektur und Symbole des Widerstands

Die Neustadt (Nové Město) ist gar nicht so neu, wie ihr Name vermuten lässt. Dieser Stadtteil wurde bereits 1348 im Auftrag von Karl IV. erbaut, um das historische Zentrum der Stadt zu entlasten. Die Neustadt sollte doppelt so groß werden wie die bestehende Altstadt und von zwei, jeweils 27 m breite Hauptstraßen durchzogen werden. Dies war das bedeutendste Stadtplanungsprojekt des Mittelalters! Lange Zeit war der Karlsplatz (Karlovo Náměstí) dann auch der größte Platz Europas. Die ihn umgebende Neustadt wurde schnell zu einem wichtigen Handelszentrum, Treffpunkt vieler Händler und Handwerker.

Die meisten historischen Gebäude mussten im 19. und zu Beginn des 20. Jahrhunderts Neubauten weichen. Daher zeigt sich das Viertel heute im prächtigen Jugendstil sowie im neogotischen Stil. In den letzten Jahren wurde glücklicherweise viel restauriert und es lohnt sich, einen Blick nach oben auf die beeindruckenden Fassaden zu werfen.

5

Die Neustadt ist ein lebendiger Stadtteil mit vielen Hotels, Restaurants, Theatern, Geschäften und unterirdischen Einkaufspassagen. Einige dieser Einkaufspassagen sind riesengroß und bestehen aus mehreren Gängen. Gehen Sie einfach mal hinein und lassen Sie sich von dem historischen Flair und der Vielfalt an Geschäften, Restaurants, Bars und Kinos überraschen.

Der Wenzelsplatz ist das Herz der Neustadt. Die breite Straße mit ihren vielen Häusern aus dem späten 19. Jahrhundert führt vom Nationalmuseum bis zur Altstadt. Im Mittelalter fand hier ein Pferdemarkt statt, doch auch in der neueren Geschichte spielt dieser Platz eine wichtige Rolle. 1918 wurde hier die Gründung der Tschechischen Republik gefeiert, und 1969 zündete sich der Student Jan Palach auf dem Platz an, um gegen den Kommunismus zu protestieren. 1989 begann hier die Samtene Revolution, die letztendlich zum Fall des Kommunismus in der Tschechoslowakei führte. Von den Treppen vor dem Nationalmuseum haben Sie eine tolle Aussicht auf den Wenzelsplatz!

6 Insider-Tipps

Bootstour

Entspannt mit dem Boot auf der Moldau fahren.

Globe Bookstore & Coffeehouse

Ein Frühstück mit Smoothie genießen – alles biologisch.

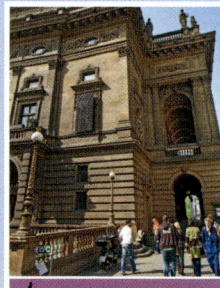

Nationaltheater

Eine Opern- oder Ballettaufführung erleben.

Wenzelsplatz

Über den historischen Boulevard spazieren.

Cukrárna Myšák

Kaffee und Kuchen im legendären Café probieren.

Tanzendes Haus

Postmoderne Architektur von Frank Gehry bestaunen.

Sehenswürdigkeiten

Shoppen

Essen & Trinken

100 % there

Sehenswürdigkeiten

X

① Das **Tanzende Haus** (Tančící Dům) ist eines der auffälligsten Gebäude in der Stadt. Das Bürogebäude wurde 1996 nach einem Entwurf des Architekten Frank Gehry verwirklicht, der unter anderem auch das berühmte Guggenheim-Museum in Bilbao entworfen hat. Das Gebäude wird oft mit dem tanzenden Filmpaar Fred Astaire und Ginger Rogers verglichen, denn die in Glas gehüllte "Frau" scheint sich an den "männlichen" Turm zu schmiegen. Im 7. Stockwerk befindet sich das französische Restaurant Céleste, von welchem aus man eine herrliche Aussicht auf die Malá Strana und die Prager Burg hat.

rašínovo nábřeží 80, www.celesterestaurant.cz, telefon: 2 21984160, geöffnet: mo-sa 12.00-14.30 & 18.30-22.30, eintritt: 600 kč, straßenbahn: 17, 21 jiráskovo náměstí

⑭ Das gotische **Neustädter Rathaus** (Novoměstská Radnice) auf dem Karlsplatz (Karlovo Náměstí) hat einen prächtigen Giebel, ist aber vor allem wegen seiner turbulenten Geschichte berühmt. Der Anführer der Hussiten, Jan Želivský, und seine Anhänger stürmten am 30. Juli 1419 das Rathaus, um die Freilassung der Gefangenen zu fordern. Als sie damit keinen Erfolg hatten, warfen sie die katholischen Stadträte einfach aus dem Fenster. Im Rathaus gibt es eine Galerie. Und wer Lust hat, kann über 221 Treppenstufen den Turm besteigen.

karlovo náměstí, www.nrpraha.cz, telefon: 2 24948225, geöffnet: di-so 10.00-18.00, eintritt: erwachsene 50 kč, kinder 30 kč, u-bahn: karlovo náměstí

⑮ Der **Karlsplatz** (Karlovo Náměstí) ist der größte Platz in Prag. Eigentlich ist er eher eine Art Park, in dem man der Hektik der belebten Stadt entfliehen kann. In der Gegend gibt es viele Universitätsgebäude sowie Statuen berühmter Schriftsteller und Gelehrter.

karlovo náměstí, u-bahn: karlovo náměstí, straßenbahn: 3, 6, 14, 18, 20, 22, 23, 24 karlovo náměstí

X

(23) Der 600 Jahre alte **Wenzelsplatz** (Václavské Náměstí) war früher ein Pferdemarkt. Mittlerweile ist er Verkehrsknotenpunkt, Mittelpunkt der Neustadt und Symbol des tschechischen Widerstands gegen den Kommunismus. Hier zündete sich im Jahr 1969 der 21-jährige Student Jan Palach an, um die aussichtslose Situation des Landes in das Bewusstsein der Menschen zu rufen. Jedes Jahr findet an diesem Platz eine Gedenkfeier für ihn statt. Im November 1989, kurz vor den Wahlen, erschien Václav Havel auf dem Balkon des Melantrich-Gebäudes (Nr. 36), um das Ende des Kommunismus zu verkünden. Der Wenzelsplatz erinnert eher an einen Boulevard als einen Platz. Er wird gesäumt von vielen Restaurants, Geschäften und Diskotheken.
václavské náměstí, u-bahn: můstek

(26) Das **Mucha-Museum** existiert seit 1998 und stellt Werke des Künstlers Alfons Mucha aus, einer der berühmtesten Künstler der Art-nouveau-Periode. Sein graphischer Stil wurde vor allem durch einen Plakatentwurf für ein Theaterstück mit Sarah Bernhardt bekannt. 1910 kehrte er aus Paris nach Prag zurück, wo er Briefmarken und Geldscheine entwarf. Viele seiner Entwürfe sind heute im Museum zu sehen. Besuchen Sie unbedingt den Museumsshop, denn dort gibt es schöne Postkarten, Kalender und Poster.
panská 7, www.mucha.cz, telefon: 2 21216415, geöffnet: täglich 10.00-18.00, eintritt: erwachsene 180 kč, studenten/kinder 120 kč, u-bahn: můstek

(30) Das **Nationalmuseum** (Národní Muzeum), direkt am Wenzelsplatz, ist ein monumentales Bauwerk aus dem Jahr 1890 und wurde von Josef Schulz entworfen. Die Museumssammlung besteht aus vielen geologischen und zoologischen Schätzen, aber noch schöner sind die Einrichtung und der fantastische Blick auf den Wenzelsplatz. Vor dem Museum steht eine Figur des St. Wenzel, des Schutzheiligen von Böhmen.
václavské náměstí 68, www.nm.cz, telefon: 2 24497111, geöffnet: täglich 10.00-18.00, jeden ersten di im monat geschlossen (hauptgebäude bis juni 2015 geschlossen, neues haus, neben dem hauptgebäude, geöffnet), preis: erwachsene 150 kč, studenten/kinder 100 kč, bis 6 j. frei, u-bahn: muzeum

Essen & Trinken

③ Im **Globe Bookstore & Coffeehouse** kann man gebrauchte englisch-sprachige Bücher kaufen und wunderschön im Café im hinteren Ladenbereich sitzen. Genießen Sie hier hier leckere Smoothies und (Bio-)Gerichte. Das biologisch angebaute Obst und Gemüse stammt von Höfen aus der Region.
pštrossova 6, www.globebookstore.cz, telefon: 2 24934203, geöffnet: so-mi 9.30-0.00, do-sa 9.30-1.00, preis: 150 kč, u-bahn: karlovo náměstí

④ Das futuristische Restaurant **Dynamo** wurde von jungen tschechischen Designern eingerichtet. Grüne Wände, Kunstplakate und viel Glas, mit Holz kombiniert, sorgen für eine kreative Atmosphäre. Auf der Karte stehen inter-nationale Gerichte sowie tschechische Klassiker.
pštrossova 220, www.dynamorestaurace.cz, telefon: 2 24932020, geöffnet: täglich 11.30-0.00, preis: 250 kč, u-bahn: národní třída

⑥ Direkt gegenüber vom Nationaltheater liegt das Literatur-Café **Kavárna Slavia**. Der ehemalige Präsident Václav Havel war hier ein gern gesehener Stammgast. Im Café kann man nachmittags wunderbar Zeitung lesen und ganz entspannt Kaffee trinken. Am Abend kommen die Theaterbesucher nach der Aufführung vorbei, um noch etwas zu trinken.
smetanovo nábřeží 1012, www.cafeslavia.cz, telefon: 2 24218493, geöffnet: täglich 8.00-23.00, preis: 60 kč, u-bahn: národní třída, straßenbahn: 6, 9, 18, 21, 22 národní divadlo

⑫ Das **Café Louvre** ist bei den Pragern äußerst beliebt. Im Jahr 2002 feierte es seinen 100. Geburtstag und im Laufe seiner reichen Geschichte war es Treffpunkt vieler illustrer Gäste. Von Einstein bis Kafka – alle waren sie schon hier. Trinken Sie einen Cappuccino, genießen Sie ein Croissant und vergessen Sie nicht, sich auch das Billardzimmer anzusehen.
národní 22, www.cafelouvre.cz, telefon: 2 24930949, geöffnet: mo-fr 8.00-23.30, sa-so 9.00-23.30, preis: 200 kč, u-bahn: národní třída, straßenbahn: 6, 9, 18, 21, 22 národní třída

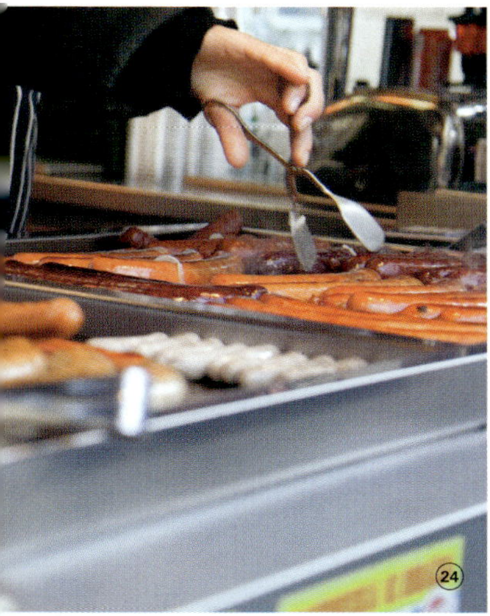
24

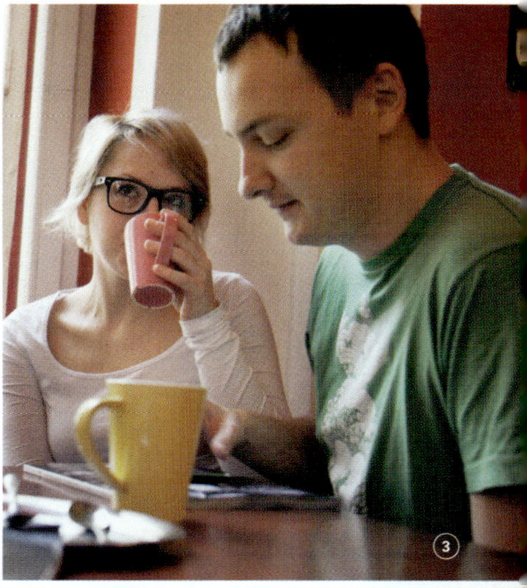
3

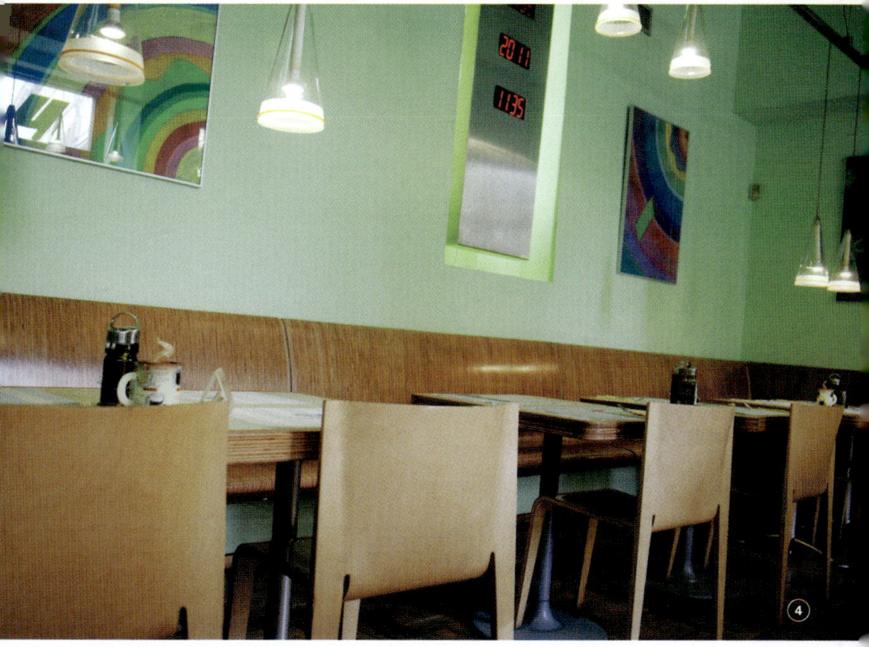
4

(16) Im italienischen **Café Lamborghini** können Sie bei einer der vielen Kaffeespezialitäten relaxen. Nicht nur Espresso und Cappuccino werden hier serviert, sondern auch verschiedene Sorten Eiskaffee und Caffé Latte. Dazu gibt es leckere Brötchen, Salate und Pastagerichte.
vodičkova 8, www.ambi.cz, telefon: 2 22231869, geöffnet: mo-sa 8.00-22.00, so 10.00-22.00, preis: 175 kč, u-bahn: národní třída

(18) Nachdem es beinahe zwanzig Jahre geschlossen war, öffnete das legendäre **Cukrárna Myšák** 2008 erneut seine Türen. Ganz im Stil der 20er-Jahre gehalten, bekommt man hier den ganzen Tag über hausgemachtes Gebäck, Eis und Desserts. Die Konditoren auf der ersten Etage stellen wahre Kunstwerke her, und der Kaffee soll der beste von ganz Prag sein.
vodičkova 31, www.cukrarnamysak.cz, telefon: 7 31653813, geöffnet: mo-fr 9.00-21.00, sa-so 10.00-21.00, preis: 75 kč, u-bahn: můstek

(24) Wer hungrig ist, kann sich an den **Wurstständen** am Wenzelsplatz Tag und Nacht mit leckeren Wurstspezialitäten versorgen. Probieren Sie eine Bratwurst oder ein typisch tschechisches Brötchen mit gebackenem Käse und Tatar. Besonders abends ist es hier ziemlich voll.
václavské náměstí, wechselnde öffnungszeiten, preis: 50 kč, u-bahn: můstek

(25) Das Teehaus **Dobrá Čajovná** ist eine wahre Oase der Ruhe am belebten Wenzelsplatz. Wie der hübsche Innenhof strahlt es eine entspannte Atmosphäre aus. Hier kann man sich wunderbar erholen und bei einer Tasse Tee die Ereignisse des Tages Revue passieren lassen.
václavské náměstí 14, www.cajovna.com, telefon: 2 24231480, geöffnet: mo-fr 10.00-21.30; sa-so 14.00-21.30, preis: 75 kč, u-bahn: můstek

(27) Auf der sechsten Etage eines Gebäudes am Wenzelsplatz befindet sich das **Duplex**. Tagsüber kann man hier eine Kleinigkeit essen, abends nobel dinieren und nachts verwandelt es sich in einen exklusiven Club, in dem Rockstar Mick Jagger seinen 60. Geburtstag feierte.
václavské náměstí 21, www.duplex.cz, telefon: 7 32221111, geöffnet: café täglich 10.00-0.00; club do-so 22.00-5.00, preis: 400 kč, u-bahn: můstek

KAVÁRNA SLAVIA ⑥

㉙ Es darf ruhig mal etwas exklusiver sein? Dann reservieren Sie – noch bevor Sie nach Prag reisen – einen Tisch im **Alcron**. Die sieben Tische in diesem Restaurant, das zu den besten Fischrestaurants Prags zählt, sind nämlich äußerst begehrt.

štěpanská 40, www.alcron.cz, telefon: 2 22820038, geöffnet: mo-fr 17.30-22.30, preis: 1000 kč, u-bahn: můstek

Shoppen

(8) Die feinsten Delikatessen finden Sie bei **Jan Paukert**: Probieren Sie mal tschechische Spezialitäten wie Chlebicy (belegtes Baguette), Nakládány Hermelín (marinierter Camembert) und tschechische Würste. Es gibt auch eine große Auswahl an süßem Gebäck. Zum Dahinschmelzen!
národní 17, www.janpaukert.cz, telefon: 2 24222615, geöffnet: mo-fr 8.00-20.00, sa 10.00-20.00, so 10.00-18.00, u-bahn: národní třída, straßenbahn: 6, 9, 18, 21, 22 národní třida

(9) Versteckt in der Palac Metro Passage befindet sich **Star Beads**, ein kleiner Laden mit Perlen in allen möglichen Farben und Formen. Es gibt Plastikperlen, Steine, Perlen aus tschechischem Glas und sogar Swarovski-Kristalle. Ideal, um sich eine eigene Kette zusammenzustellen. Keine Lust auf Handarbeit? Dann wählen Sie eine der fertigen Ketten, die bekommt man hier nämlich auch.
národní 25 (palac metro passage), www.starbeads.cz, telefon: 2 71743391, geöffnet: mo-fr 11.00-19.00, sa 13.00-18.00, u-bahn: národní třída, straßenbahn: 6, 9, 18, 21, 22 národní třida

(10) Bei **Kokoro** gibt es Kleider, Schmuck, Geschirr und Taschen aus Vietnam. Die große Auswahl an Seidentüchern ist beeindruckend, doch der Renner sind die wunderschön bestickten Taschen.
národní 25 (palac metropassage), www.kokoro.cz, telefon: 2 51622107, geöffnet: mo-fr 11.00-18.00, sa-so 10.00-19.00, u-bahn: národní třída, straßenbahn: 6, 9, 18, 21, 22 národní třida

(11) Der **Tea Shop** in der Národní ist ein Paradies für jeden Teetrinker. In dem kleinen Laden stapeln sich Hunderte von Teesorten aus der ganzen Welt. Aber nicht nur Tee, sondern auch Teekannen, Tassen und Gläser werden hier angeboten. Sie können sich nicht entscheiden? Kein Problem! Die meisten Teesorten werden auch einzeln als Beutel verkauft.
národní 20, www.cajovykramek.cz, telefon: 7 39040624, geöffnet: mo-fr 9.30-19.00, sa 10.00-19.00, u-bahn: národní třída, straßenbahn: 6, 9, 18, 21, 22 národní třida

FOTO ŠKODA ⑲

⑬ Ob Sie nun eine Perücke, Parfüm, einen Fernseher, Babykleider oder eine Tüte Chips suchen – im Kaufhaus **My'** gibt es alles. Hier können Sie so lange durch die Abteilungen stöbern, bis Ihnen ganz schwindelig wird.
národní 26, telefon: 2 22003111, geöffnet: mo-sa 8.00-21.00, so 9.00-20.00, u-bahn: národní třída, straßenbahn: 6, 9, 18, 21, 22 národní třída

⑰ Und mag es noch so verrückt sein – bei **This & That** wird es dennoch verkauft. Eine neue Jacke für den Hund, Geschirr-Raritäten, kleine Magnete oder Aerobicsocken, hier gibt es einfach alles. Auch Weihnachtsartikel kann man das ganze Jahr über kaufen. Das Geschäft hat drei Etagen; wer mit leeren Händen wieder herauskommt, ist selbst schuld!
vodičkova 19, www.this-that.cz, telefon: 2 24946036, geöffnet: mo-sa 8.30-20.30, so 11.00-20.00, u-bahn: národní třída

⑲ Im "Fotopalast" **Foto Škoda** gibt es alles für Fotografie-Begeisterte: alte und neue Kameras, Fotobücher, Rahmen, Fotoalben und sogar eine kleine Ausstellung. Hinter dem Geschäft befindet sich die Langhans-Galerie, in der Werke von internationalen Topfotografen bewundert werden können.
vodičkova 37, www.fotoskoda.cz, telefon: 2 22929029, geöffnet: mo-fr 9.00-20.00, sa 10.00-18.00, u-bahn: můstek, straßenbahn: 3, 9, 14, 24 václavské náměstí

㉒ In der Neustadt gibt es viele Einkaufspassagen, von denen eine der schönsten und bekanntesten die **Palác Lucerna** ist. Hier gibt es ein Theater, das schönste Kino Prags, Geschäfte, Restaurants und kleine Cafés. In der Haupthalle steht ein großes Kunstwerk von David Černý. Übrigens: Die Passage wurde vom Großvater des Ex-Präsidenten Václav Havel erbaut.
vodičkova 36, www.lucerna.cz, u-bahn: můstek, straßenbahn: 3, 9, 14, 24 václavské náměstí

㉘ Das **La Femme Mimi** gehört der Designerin Nguyen Hoang Lan. Die Stoffe ihrer Seidenkleider, Blusen, Röcke und Handtaschen kommen aus Asien – die Entwürfe fertigt sie in Prag. Das Ergebnis ist westliches Design mit östlicher Note.
štěpánská 51, www.lafemmemimi.cz, telefon: 2 24214106, geöffnet: mo-fr 10.00-19.30, u-bahn: můstek

100 % there

(2) Bei einer **Bootstour** haben Sie eine herrliche Aussicht auf viele der historischen Gebäude Prags. Am Anlegesteg Rašinovo Nábřežíe können Sie sich zwischen verschiedenen Touren entscheiden, beispielsweise für die Bootstour zum Schloss Troja, einem Sommerpalast aus dem 17. Jahrhundert, oder für eine Bootstour zum Zoo. Am Anlegesteg ist ein Informationsstand. Ein echter Geheimtipp: Mieten Sie sich auf einer der kleinen Inseln der Moldau ein Tretboot. Nehmen Sie eine Kleinigkeit zu essen mit und lassen Sie sich in der Sonne auf Ihrem Tretboot über das Wasser treiben.
kade van rašinovo nábřežíe, www.paroplavba.cz, telefon: 2 24931013, preis: ab 150 kč, u-bahn: karlovo náměstí, straßenbahn: 17, 21 jiráskovo náměstí

(5) Das **Nationaltheater** (Národní Divadlo) wurde zwischen 1868 und 1881 im Stil der Neorenaissance erbaut, komplett finanziert durch Spenden der Prager Bevölkerung. Nach der Fertigstellung brannte das Gebäude jedoch bis auf die Grundmauern ab. In weniger als zwei Jahren wurde es wieder aufgebaut und von den besten tschechischen Künstlern der Zeit gestaltet. Im Theater finden klassische Opern-, Theater- und Ballettaufführungen statt. Aber auch neuere Werke werden aufgeführt, beispielsweise von Philip Glass und John Osborne. Neben dem Theater befindet sich eine Kasse, an der Sie Karten für die Aufführungen im Nationaltheater, im Stavovské Divadlo und im Kolowrat- Theater kaufen können. Die meisten Opern haben eine englische Übersetzung.
národní 2, www.narodni-divadlo.cz, telefon: 2 24901448, geöffnet: kasse täglich 10.00-18.00 und 45 min. vor jeder vorstellung, u-bahn: národní třída, straßenbahn: 9, 18, 21, 22 národní divadlo

(7) In Prag gibt es mehrere Schwarzlichttheater; die **Laterna Magika** ist jedoch das älteste und bekannteste. Lassen Sie sich hier von einer be-eindruckenden Show voller Tanz und Drama, Licht und Musik verzaubern.
národní 4, www.laterna.cz, telefon: 2 24931482, geöffnet: kasse täglich 10.00-18.00, bei vorstellungen 10.00-19.30, u-bahn: národní třída, straßenbahn: 9, 18, 21, 22 národní divadlo

FRANTIŠKÁNSKÁ ZAHRADA (21)

⑳ **KINO SVĚTOZOR**

(20) In der Světozor-Passage befindet sich das **Kino Světozor**, ein Kunstkino, in dem neben internationalen Filmen oft auch tschechische Streifen mit englischen Untertiteln laufen. Trinken Sie vor oder nach der Vorstellung ein Světozor-Bier, das speziell für dieses Kino in einer kleinen Brauerei in Nordtschechien hergestellt wird. Im Foyer befindet sich der kleine Laden Terryho Ponozky, in dem es alte und neue Filmplakate aus der ehemaligen Tschechoslowakei und dem Rest der Welt gibt.
vodičkova 41, www.kinosvetozor.cz, telefon: 2 24946824, u-bahn: můstek, straßenbahn: 3, 9, 14, 24 václavské náměstí

(21) Am Ende der Světozor-Passage versteckt sich der Innenhof **Františkánská Zahrada**. Hierher kommen die Prager an einem sonnigen Tag, nachdem sie sich vorher in der Passage bei Ovocný Světozor ein Eis gekauft haben. Die Spezialität der Eisdiele ist "točená" (ausgesprochen: totschenah), eine Mischung aus Sorbet und Softeis. Im Innenhof kann man sich dann gemütlich mit seinem Eis auf einer der weißen Parkbänke niederlassen.
eingang über die světozor-passage, geöffnet: täglich 15. okt.-14. apr. 8.00-19.00; 15. apr.-14. sept. 7.00-22.00; 15. sept.-14. okt. 7.00-20.00, u-bahn: můstek, straßenbahn: 3, 9, 14, 24 václavské náměstí

(31) Für alle Opernfreunde ist die **Prager Staatsoper** (Státni Opera Praha) ein Traum. Das Gebäude bietet eine wunderschöne Kulisse für alle Opern- und Ballettvorstellungen sowie für die im August und September stattfindenden Verdi-Festspiele. Vergessen Sie also nicht, Ihre Abendgarderobe für einen Opernbesuch einzupacken.
wilsonova 4, www.opera.cz, telefon: 2 24227832, geöffnet: kasse mo-fr 10.00-17.30, sa-so 10.00-12.00 & 13.00-17.30, u-bahn: muzeum

Neustadt

Der Spaziergang beginnt an der U-Bahn-Station Karlovo Náměstí (Karlsplatz), Ausgang Centrum Karlovo Náměstí/Resslova Ulice. Biegen Sie links ab und gehen Sie durch die Resslova in Richtung Tanzendes Haus (1). Gehen Sie am Anlegesteg nach links, gehen Sie die Treppe hinunter und machen Sie eine Bootstour (2). Keine Lust? Biegen Sie dann beim Tanzenden Haus rechts ab, an der Myslíkova noch einmal rechts und an der Pštrossova links (Kaffeepause) (3). Gehen Sie die Straße hinunter am Restaurant Dynamo vorbei (4). Gehen Sie bis zum Straßenende und biegen Sie dann links in die Ostrovnis. Dann gehen Sie direkt auf das Nationaltheater (5) zu. Gehen Sie bis zum Fluss weiter und um das Gebäude herum. Vergessen Sie nicht die Straßenseite zu wechseln, um einen schönen Blick auf das Theater werfen zu können. Gegenüber vom Theater können Sie bei Kavárna Slavia (6) etwas trinken. Gehen Sie bei der Kreuzung nach rechts am Theater vorbei durch die Narodní. Neben dem Theater, hinter dem modernen Teil, liegt die Kasse. Gehen Sie weiter durch die Narodní, am Theater Laterna Magika (7) vorbei und auf geht's zum Shopping: Jan Paukert (8), Star Beads (9), Kokoro (10), Tea Shop (11) und einen Kaffee im Café Louvre (12). Rechts in der Spálena finden Sie das Kaufhaus My' (13) und einige kleine tschechische Kleidershops. Gehen Sie die Spálena entlang, bis Sie links das Neustädter Rathaus (14) sehen. Biegen Sie dann links in die Karlovo Náměstí (15). Gehen Sie links und gehen Sie durch die Vodičkova (hier ist der Eingang für den Neustädter Rathaus-Turm), um dort zu shoppen (16) (17) (18) (19) (20) (21) (22). Am Ende der Vodičkova können Sie auf dem Wenzelsplatz Wurst essen und Tee trinken (23) (24) (25). Überqueren Sie den Platz und gehen Sie in die Jindřišská. In der ersten Straße biegen Sie links ab, dort in der Panská befindet sich das Mucha Mueseum (26). Zurück am Wenzelsplatz gehen Sie in Richtung Nationalmuseum. Eine schöne Aussicht haben Sie von der Dachterrasse des Restaurants Duplex (27). Sie können auch rechts in die Štepanska abbiegen, in der sich die Boutique La Femme Mimi (28) und das exklusive Restaurant Alcron (29) befinden. Gehen Sie dann die Treppen des Nationalmuseums (30) hoch und blicken Sie über den Wenzelsplatz. Wenn Sie die Treppen wieder hinuntergehen, gehen Sie genau auf die Staatsoper zu (31).

1. Tanzendes Haus
2. Bootstour
3. Globe Bookstore & Coffeehouse
4. Dynamo
5. Nationaltheater
6. Kavárna Slavia
7. Laterna Magika
8. Jan Paukert
9. Star Beads
10. Kokoro
11. Tea Shop
12. Café Louvre
13. My'
14. Neustädter Rathaus
15. Karlsplatz
16. Café Lamborghini
17. This & That
18. Cukrárna Myšák
19. Foto Škoda
20. Kino Světozor
21. Františkánská Zahrada
22. Palác Lucerna
23. Wenzelsplatz
24. Wurststände
25. Dobrá Čajovná
26. Mucha-Museum
27. Duplex
28. La Femme Mimi
29. Alcron
30. Nationalmuseum
31. Prager Staatsoper

- = Sehenswürdigkeiten
- = Essen & Trinken
- = Shoppen
- = 100 % there

Vyšehrad & Vinohrady

↳ *da wohnen wir*

Geheimnisvolle Festung & hippes Wohnviertel

Die Festung Vyšehrad (Prager Hochburg) ist ein Burgareal mit vielen Bau-
werken und Parks, das auf einem Hügel über der Moldau liegt. Die zwei
neugotischen Turmspitzen der St.-Peter-und-Paul-Kirche sind schon von
Weitem zu sehen. Vyšehrad ist der Legende nach der Geburtsort Prags, denn
der Stammführer Krok baute hier im 7. Jahrhundert ein Schloss. Libuše, die
klügste seiner drei Töchter, hatte nämlich eine Vision und sah die Gründung
Prags voraus, einer Stadt mit großer Zukunft. Tatsächlich erfolgte jedoch die
erste Bebauung unter Vratislav II., dem ersten König von Böhmen. Er baute
an dieser Stelle sein Schloss – allerdings erst im 11. Jahrhundert. Auch seine
Nachfolger wohnten hier, bis sie später in die Prager Burg zogen. Vyšehrad
wurde der Ausgangspunkt des sogenannten Königsweges. Jeder neue König
verbrachte die Nacht vor seiner Krönung auf Vyšehrad und ging dann am
Pulverturm und dem alten Stadtplatz vorbei über die Karlsbrücke zur Prager
Burg. Dort wurde er im Veitsdom zum König gekrönt.

6

Leider wurden viele der ursprünglichen Gebäude auf Vyšehrad während der Hussitenkriege im 15. Jahrhundert zerstört. Das einzige Bauwerk, das noch an die Zeit von König Vratislav II. erinnert, ist die St.-Martins-Rotunde. Die anderen Gebäude, die man heute sieht, wurden erst im 17. Jahrhundert errichtet, als Vyšehrad wieder als Festung diente. Vyšehrad ist ein Symbol der tschechischen Geschichte. Maler, Dichter und Komponisten ließen sich hier inspirieren, der Friedhof wurde zum Nationalfriedhof ernannt, und viele Familien besuchen Vyšehrad an den Wochenenden. In dem ruhigen Park kann man wunderschön spazieren gehen, ein Picknick machen oder einfach die Aussicht genießen.

Vinohrady ist mit seinen schönen Gebäuden, die Beginn des 20. Jahrhunderts erbaut wurden, eine der beliebtesten und besten Wohngegenden Prags. Mitten in Vinohrady liegt der Friedensplatz (Náměstí Míru). Die vielen gemütlichen Restaurants am Platz verleihen dem Viertel eine tolle Ausstrahlung!

6 Insider-Tipps

Vyšehrad

Den Blick vom höchsten Punkt der Festung genießen.

Vyšehrader Friedhof

Grabsteine tschechischer Berühmtheiten studieren.

Vyšehrader Park

In aller Ruhe picknicken.

Radost FX

Herrlich vegetarisch essen gehen.

Vinohrady

Durch das Viertel und die ehemaligen Weingärten schlendern.

Kavárna Medúza

Ein köstliches tschechisches Bier trinken.

● Sehenswürdigkeiten   ● Essen & Trinken
● Shoppen   ● 100 % there

Sehenswürdigkeiten

(1) Das **Tábor-Tor** (Táborská Brána) wurde 1655–1656 errichtet, in einer Zeit, in der in ganz Prag neue Festungen entstanden. Die Festung Vyšehrad (Prager Hochburg) wurde 1670 als erste fertiggestellt, jedoch bis Mitte des 19. Jahrhunderts mehrfach umgebaut. Das Tábor-Tor lag an der südöstlichen Seite, dem bedrohtesten Teil der Stadt. Über dem Tor liegen drei Zimmer, von denen eins als Schießloch verwendet wurde, ein anderes als Büro und das dritte als Beobachtungsposten.

v pevnosti, www.praha-vysehrad.cz, u-bahn: vyšehrad

(3) Das hübsche **Leopoldstor** (Leopoldova Brána) mit seinem monumentalen Torbogen wurde 1653 bis 1672 vom Architekten Carlo Lurago gebaut. Das Tor ist mit Wappenschildern geschmückt, die Giovanni Battista Allio entworfen hat. 1840 wurde das Tor restauriert und ist seitdem wieder in Gebrauch.

v pevnosti, www.praha-vysehrad.cz, u-bahn: vyšehrad

(4) Die **St.-Martins-Rotunde** (Sv. Martina Rotunda) aus dem 11. Jahrhundert ist der am längsten erhaltene und damit älteste Rundbau Prags. Im 18. Jahrhundert wurde die Rotunde als Pulverkammer benutzt. 1841 sollte sie abgerissen werden, um einer Straße Platz zu machen, konnte aber von Graf Karel Chotek gerettet werden. 1874 wurde die Rotunde komplett renoviert.

v pevnosti, www.praha-vysehrad.cz, nicht öffentlich zugänglich, u-bahn: vyšehrad

(5) Die **Teufelssäule** (Čertův Sloup) stand erst in der Kirche, dann auf dem Friedhof und 1889 wurde sie in den Garten gestellt. Wo genau die Säule herkommt, ist nicht bekannt, aber wahrscheinlich gehörte sie früher zur Basilika. Laut der Legende hat der Teufel nach einer Wette mit den Priestern selbst die Säule nach Vyšehrad gebracht. Der Teufel behauptete, dass er die Säule schneller von Rom nach Vyšehrad bringen könne, als dass einer der Priester die Messe verlese. Der Priester gewann und der wütende Teufel schmiss die Säule auf die Vyšehrad-Kirche. Das zerstörte Dach konnte jahrelang nicht repariert werden.

k rotondě, u-bahn: vyšehrad

④ **ST.-MARTINS-ROTUNDE**

⑦ Die romanische **St.-Laurentius-Basilika** (Bazilka Sv. Vavřince) wurde wahrscheinlich Ende des 11. Jahrhunderts erbaut, jedoch 1420 während der Hussitenkriege größtenteils zerstört. Bei Ausgrabungen fanden Archäologen römische Fliesen. Auch weitere Fundstücke weisen darauf hin, dass hier vermutlich eine noch ältere Kirche stand, die auf das späte 10. Jahrhundert zurückgeht.

v pevnosti, als dieser cityguide gedruckt wurde, war die basilika wegen archäologischer arbeiten auf unbestimmte Zeit geschlossen, u-bahn: vyšehrad

⑧ Das Gebäude, in dem sich heute die **Vyšehrad-Galerie** befindet, ist der Überrest eines mittelalterlichen Wachturms. In der Galerie können Sie Ausstellungen, vor allem von tschechischen Künstlern, besuchen.

k rotundě, www.praha-vysehrad.cz, telefon: 6 03542820, geöffnet: märz-dez. täglich 9.30-17.00, eintritt: 20 kč, u-bahn: vyšehrad

⑨ Die imposante **St.-Peter-und-Paul-Kirche** (Chrám Sv. Petra a Pavla) stammt eigentlich aus dem Jahre 1070, wurde jedoch im Laufe der Jahrhunderte mehrere Male umgebaut. Die Fassade erstrahlt heute im neogotischen Stil. Die spitzen Türme, das Symbol von Vyšehrad, wurden dagegen erst 1903 angebaut. Im Kircheninneren können Sie farbenfrohe Art-nouveau-Fresken bewundern, die verschiedene tschechische Künstler gemalt haben. In der dritten Nische auf der rechten Seite des Altars befindet sich die einzigartige Malerei "Unsere Liebe Frau vom Regen", die St. Lukas gemalt haben soll. In Trockenzeiten beteten die Prager hier um ein paar rettende Regenschauer. Ferner stehen hier die Sarkophage mit Mitgliedern der königlichen Familie.

k rotundě 10, www.praha-vysehrad.cz, telefon: 2 24911353, geöffnet: mo, mi-so 9.00-12.00 & 13.00-17.00, eintritt: erwachsene 10 kč, kinder 5 kč, u-bahn: vyšehrad

⑩ Der **Vyšehrader Friedhof** (Vyšehradský Hřbitov) erinnert bereits seit dem 19. Jahrhundert an berühmte Protagonisten der tschechischen Geschichte. Für die Tschechen ist der Friedhof deshalb auch eine der wichtigsten Sehenswürdigkeiten Prags. Es ist eine überwältigende Erfahrung, über den Friedhof mit seinen kunstvoll verzierten Grabsteinen zu laufen. Familiengräber sind an dem Wort "rodina" zu erkennen. Für die echten Helden der Geschichte wurde ein Pantheon mit dem Namen Slavín erbaut, eine Art Hall of Fame. Hier befinden sich die Gräber des Malers Alfons Mucha, des Bildhauers Josef Myslbek und des Architekten Josef Gočár. Auf dem Friedhof finden sich außerdem die Gräber der Komponisten Bedřich Smetana und Antonín Dvořák, sowie der Schriftsteller Jan Neruda und Karel Čapek. Beim Haupteingang finden Sie eine Karte mit einer Übersicht der wichtigsten Gräber.
k rotundě 10, www.praha-vysehrad.cz, geöffnet: täglich nov.-febr. 8.00-17.00, mai-sept. 8.00-19.00, okt., märz & apr. 8.00-18.00, u-bahn: vyšehrad

⑭ Das **Ziegeltor** (Cihelná Braná) aus dem 19. Jahrhundert ist der Eingang zu einer unterirdischen **Kasematte**, in der eine Ausstellung über die Prager Festungen untergebracht ist. Jede Stunde findet eine Führung statt und Sie dürfen die geheime unterirdische **Gorlice-Halle** betreten, die im Zweiten Weltkrieg als Versteck und als Lagerraum für Kartoffeln diente. Seit 1992 stehen hier sechs Originalfiguren von der Karlsbrücke.
vratislavova, www.praha-vysehrad.cz, telefon: 2 41410348, geöffnet: täglich apr.-okt. 9.30-18.00, nov.-märz 9.30-17.00, eintritt: ziegeltor 20 kč, kinder 0-6 j. frei, kasematte 50 kč, studenten 30 kč, familien 100 kč, u-bahn: vyšehrad

⑯ Kubistische Architektur findet man selten, aber in Prag gibt es dennoch einige **kubistische Fassaden** zu bestaunen, vor allem in der Gegend rund um Vyšehrad. Eine davon ist die Fassade des Wohnhauses auf der Neklanova 30, die der tschechische Architekt Josef Chochol 1912 entwarf. An diesem Bauwerk ist gut zu erkennen, dass die Ornamente gemäß der Auffassung tschechischer Kubisten Teil der Architektur sein sollten und nicht irgendwie am Haus befestigt werden durften.
neklanova 30, u-bahn: vyšehrad, straßenbahn: 7, 18, 24, 53 albertov

ST.-PETER-UND-PAUL-KIRCHE ⑨

⑱ Das **Emmauskloster** (Emauzy) wurde 1347 von Karl IV. erbaut, war aber ursprünglich ein Benediktinerkloster, das Na Slovanech hieß. Die kroatischen Benediktinermönche, die das Kloster gründeten, pflegten die altslawische Liturgie und so kam das Kloster zu seinem Namen. Besonders schön sind die erhalten gebliebenen Deckenmalereien aus dem 14. Jahrhundert. Vom Fluss aus ist das Kloster mit seinen zwei modernen Türmen einfach zu erkennen. Die Betontürme wurden dem Kloster erst im Jahre 1965 hinzugefügt.
vyšehradská 49, www.emauzy.cz, telefon: 2 24917662, geöffnet: okt.-apr. mo-fr 11.00-17.00; mai-sept. mo-sa 11.00-17.00, eintritt: erwachsene 50 kč, studenten/kinder 30 kč, familien 100 kč, straßenbahn: 18, 24 moráň

③ **LEOPOLDSTOR**

⑲ In dem hübschen, barocken Sommerhaus aus 1720 befindet sich schon seit 1932 das **Dvořák-Museum**, welches dem berühmten Komponisten Antonín Dvořák gewidmet ist. Sein Leben und Werk wird hier anhand von Noten, Fotos, Postern und Briefen illustriert. Auch seinem Durchbruch, der erst nach seinem Tod im Jahr 1904 kam, wird hier gebührend Aufmerksamkeit geschenkt. Im Sommer finden im Musiksalon des Museums Konzerte mit den Werken Dvořáks statt. Das Haus, in dem sich das Museum befindet, ist auch unter dem Namen "Villa Amerika" bekannt, da es direkt neben einer Herberge namens "Amerika" steht.

ke karlovu 20, www.nm.cz, telefon: 2 24923363, geöffnet: apr.-sept. di-mi & fr-so 10.00-13.30 & 14.00-17.30, do 11.00-15.30 & 16.00-19.00; okt.-märz di-so 10.00-13.30 & 14.00-17.00, eintritt: 50 kč, studenten/kinder 25 kč, kinder bis 6 j. frei, u-bahn: ip pavlova~

⑳ Der **Friedensplatz** (Náměstí Míru) bildet das Zentrum des Stadtviertels Vinohrady. Hier stehen ein paar beeindruckende Gebäude: die neugotische Kirche St. Ludmilla, die zwischen 1888 und 1893 erbaut wurde, und genau dahinter das Nationalhaus (Národní Dům) im Neorenaissance-Stil. An der Nordseite des Platzes liegt das Vinohrady-Theater (Divadlo na Vinohradech) aus dem Jahr 1909. Unter dem Platz befindet sich die gleichnamige U-Bahn-Station mit der längsten Rolltreppe Europas. Die Rolltreppe ist stolze 87 m lang, besteht aus 553 Stufen und läuft 43 m tief hinunter. Eine "Fahrt" nach unten dauert genau 2 Minuten und 15 Sekunden.

náměstí míru, u-bahn: náměstí míru

25 **PIZZERIA LA ROMANTICA**

Essen & Trinken

⑪ Auf Vyšehrad gibt es viele Cafés und Snackbars. Wenn Sie etwas Stilvolles suchen, gehen Sie am besten zu **Rio's Vyšehrad**. Die Einrichtung ist sehr elegant, und hier finden häufig Geburtstagsfeiern und Hochzeiten statt. Das Lokal verfügt über eine Sommerterrasse, auf der frischer Fisch, Salate, Pastagerichte und leckere Desserts serviert werden.
štulcova 102, www.riorestaurant.cz, telefon: 2 24922156, geöffnet: täglich 10.00-0.00, preis: 250 kč, u-bahn: vyšehrad

⑫ Im **Radost FX** kann man wunderbar vegetarisch essen. Das Angebot auf der Karte ist so groß, dass es nicht immer leicht fällt, sich zwischen all den asiatischen, mexikanischen und italienischen Köstlichkeiten zu entscheiden. Das Restaurant besteht aus mehreren Räumen, die alle ein wenig asiatisch angehaucht sind. Auch abends ist das Radost sehr beliebt, denn dann wird bei Hiphop, House und Funk-Musik ordentlich getanzt.
bělehradská 120, www.radostfx.cz, telefon: 6 03193711, geöffnet: täglich 11.30-2.00, preis: 175 kč, u-bahn: ip pavlova

⑬ An jedem Tisch des koreanischen Restaurants **Sami Grill** ist der Grill gleich mit eingebaut. Wenn Sie hier ein Grill- oder Wokgericht bestellen, kommt der Koch direkt zu Ihnen an den Tisch und bereitet Ihr Essen an Ort und Stelle zu. So schmeckt alles gleich noch ein bisschen besser.
anny letenské 5, telefon: 2 22524666, geöffnet: mo-fr 11.00-22.30, sa-so 17.00-22.30, preis: 250 kč, u-bahn: náměstí míru

⑭ Mitten im Stadtviertel Vinohrady liegt das mediterrane **Sahara Café**, eine echte Ruheoase am belebten Friedensplatz. Das Restaurant ist ganz in Erdtönen gehalten, und die Möbel und Accessoires kommen aus Asien und Marokko. Genauso multikulti sieht es auch auf der Karte aus: Von Pasta-Gerichten und Risottos über Couscous und Lammkebap bis zu argentinischen Steaks und italienischen Käsesorten gibt es alles.
náměstí míru 6, www.saharacafe.com, telefon: 2 22514987, geöffnet: mo-fr 11.00-00.30, sa 12.00-00.30, so 12.00-23.00, preis: 600 kč, u-bahn: náměstí míru

㉕ Auf der Karte der **Pizzeria La Romantica** stehen natürlich leckere Pizzen und Pasta-Gerichte, aber auch köstliche Salate und gegrilltes Fleisch. Die romantische Einrichtung macht das Restaurant zum perfekten Ort für ein Abendessen zu zweit. Bei schönem Wetter sitzt man im Innenhof.
londýnská 22, telefon: 2 21257812, geöffnet: mo-fr 10.00-23.00, sa-so 12.00-23.00, preis: 100 kč, u-bahn: náměstí míru

㉖ Das **Mlsnej Kocour** ist Bar und Restaurant in einem. In der Bar darf geraucht werden, im Restaurant jedoch nicht. Die Einrichtung ist wie in einem traditionellen tschechischen Café: dunkle Holzvertäfelung und alte Bierreklame an den Wänden. Auf der Karte gibt es für jeden etwas: Pasta-Gerichte, Gegrilltes und Salate, aber auch Hirschragout und Ente.
belgická 42, www.mlsnejkocour.cz, telefon: 2 22541584, geöffnet: mo-so 11.00-0.00, preis: 200 kč, u-bahn: náměstí míru

㉘ Das **Kavárna Medúza** ist ein gemütliches Café. Auf den alten, bequemen Stühlen kann man gut einen leckeren Kaffee oder ein frisch gezapftes Bier genießen. On top: wechselnde Ausstellungen von tschechischen Künstlern.
belgická 17, www.meduza.cz, telefon: 2 22515107, geöffnet: mo-fr 10.00-1.00, sa-so 12.00-1.00, preis: 50 kč, u-bahn: náměstí míru

㉙ **Hlučná Samota** ist ein für diese Gegend typisches kleines Restaurant mit Holztischen und gemütlicher Atmosphäre. Auf der Karte findet man tschechische Klassiker wie Gulasch, gebratene Ente und gegrilltes Schweinefleisch mit Kohl.
záhřebská 14, www.hlucna-samota.cz, telefon: 2 22522839, geöffnet: mo-fr 11.00-23.00, sa-so 12.00-23.00, preis: 165 kč, u-bahn: náměstí míru

㉚ Wer in Prag ist, sollte auch einmal einen Biergarten besuchen. Im **Riegrovy Sady** haben 1300 Gäste Platz. Reich und arm, Studenten, Ältere, Mütter mit und ohne Kinder – wirklich jeder kommt im Sommer hierher. Bier und Würstchen gibt es an den kleinen Ständen und danach setzt man sich gemütlich an einen der langen Holztische.
park riegrovy sady, geöffnet: apr.-okt. täglich 12.00-0.00, und wenn es sehr voll ist bis 2.00, preis: 35 kč, u-bahn: jiřího z poděbrad

Shoppen

(2) In den Ruinen des Špička-Tors gibt es einen kleinen **Souvenirladen**, in dem man Souvenirs aus Vyšehrad und ganz Prag kaufen kann. Auch Keramik, handgeschöpftes Papier und Kopien von keltischen Juwelen sind hier erhältlich.
v pevnosti, telefon: 2 61225304, geöffnet: täglich apr.-okt. 9.30-18.00, nov.-märz 9.30-17.00, u-bahn: vyšehrad

(15) Das **Atelier Daičová** ist eine traditionelle Werkstatt, in der man miterleben kann, wie tschechische Keramik hergestellt wird. Außerdem hat das Atelier hübsche handgemachte Töpfe und Schalen zu fairen Preisen im Sortiment.
vratislova 38, telefon: 7 378 032 81, geöffnet: di-sa 10.00-18.00, u-bahn: vyšehrad

(27) Bei **Vom Fass** gibt es alles aus dem Fass: Olivenöl, Walnussöl, Pinien-kernöl, Aceto Balsamico, Himbeeressig, Wein, Whiskey, Grappa, Liköre, Limoncello und noch vieles mehr. Bei so viel Auswahl ist es nicht einfach, sich zu entscheiden. Zum Glück ist die Bedienung sehr freundlich und man darf alles mal probieren!
bělehradská 92, www.vomfass.cz, telefon: 2 46024144, geöffnet: mo-fr 9.30-18.30, sa 10.00-14.00, u-bahn: ip pavlova

100 % there

(6) Südlich der Kirche liegen die **Gärten von Vyšehrad** (Vyšehradské Sady). Von März bis Oktober findet immer sonntags um 14.30 Uhr ein Open-Air-Konzert statt. Von Jazz bis klassischer Musik ist alles dabei. In den ruhigen Gärten stehen viele Figuren aus tschechischen Mythen. Suchen Sie sich ein schattiges Plätzchen und genießen Sie ein schönes Picknick.
v pevnosti, www.praha-vysehrad.cz, telefon: 2 41410348, geöffnet: 24 std., eintritt: frei, u-bahn: vyšehrad

(12) Von Juni bis September werden im Freilufttheater **Letni Scena** die unterschiedlichsten Aufführungen gezeigt, unter anderem Schwertkämpfe, Theaterproduktionen und Musik. Die Shows finden meistens donnerstags ab 18.00 Uhr statt. Dienstags um 14.00 Uhr gibt es Kindervorstellungen.
v pevnosti, www.praha-vysehrad.cz, telefon: 2 41410348, u-bahn: vyšehrad

(13) In ganz Vyšehrad haben Sie eine wunderbare Aussicht über den Fluss – auf dem **höchsten Punkt der Burg** ist das Panorama von Prag jedoch am schönsten. Gehen Sie den Weg ein Stück nach rechts, um die Stadt aus verschiedenen Blickwinkeln zu sehen, oder setzen Sie sich einfach auf eine der Parkbänke zum Relaxen.
u-bahn: vyšehrad

(17) Der **Botanische Garten** (Botanická Zahrada) der Karlsuniversität ist der älteste botanische Garten des Landes. Er wurde 1775 gegründet und zog 1898 von Smíchov zu seinem heutigen Standort. Besonders schön ist er im Frühling, wenn alles blüht. Schlendern Sie gemütlich durch den Garten und lassen Sie sich von den Farben und Gerüchen der vor allem mitteleuropäischen Flora verzaubern.
viničná 7, www.bz-uk.cz, telefon: 2 21951885, geöffnet: garten täglich febr.-märz 10.00-17.00; apr.-aug. 10.00-19.30; sept.-okt. 10.00-18.00; nov.-jan. 10.00-16.00, gewächshaus täglich febr.-märz 10.00-16.00, apr.-aug. 10.00-17.00; sept.-okt. 10.00-17.00, nov.-jan. 10.00-15.30, eintritt: garten frei, gewächshaus 50 kč, kinder/studenten 25 kč, familien 125 kč, straßenbahn: 18, 24 botanická zahrada

㉑ **Vinohrady** ist die zurzeit beliebteste Wohngegend Prags und besteht aus schicken Wohnhäusern, die Anfang des 20. Jahrhunderts erbaut wurden. Auch viele internationale Geschäftsleute wohnen hier. Der Name Vinohrady bezieht sich auf die Weinberge, die sich hier jahrhundertelang befanden. Mit seinen vielen Restaurants besitzt das Viertel noch immer eine feudale Ausstrahlung. Ferner finden Sie in der Gegend viele kleine typisch tschechische Geschäfte.

u-bahn: náměstí míru

Vyšehrad & Vinohrady

Beginnen Sie an der U-Bahn-Station Vyšehrad. Gehen Sie die Treppen hinauf, am Kongresszentrum vorbei und folgen Sie den Schildern Richtung Vyšehrad. Biegen Sie rechts ab und gehen Sie durch das Tábor-Tor (1) (2) in die Festung Vyšehrad. Gehen Sie bis zum Leopolds-Tor (3). Auf der rechten Seite liegt die St.-Martins-Rotunde (4). Gehen Sie links in die K Rotundě. Rechts hinter der Hecke im Park sehen Sie die Teufelssäule (5). Dann weiter geradeaus in den Vyšehrader Park (6). Links neben der Snackbar befinden sich der Überrest der St.-Laurentius-Basilika (7). Gehen Sie an der Basilika vorbei und geradeaus nach oben. Biegen Sie rechts ab und folgen Sie dem Straßenverlauf. Links am Ende des Parks gibt es eine Ausstellung (8). Gehen Sie durch den Park bis zur St.-Peter-und-Paul-Kirche (9). Durch das Tor neben dem Eingang kommen Sie zum Friedhof (10). Verlassen Sie den Friedhof wieder durch das gleiche Tor und biegen Sie rechts ab. Zeit für eine Pause, zum Beispiel im Rio's Vyšehrad (11). Keinen Hunger? Dann folgen Sie geradeaus den Schildern Richtung Freilufttheater Letní Scéna (12). Biegen Sie dort rechts ab und gehen Sie am Straßenende links die Treppen hinauf. Dem Straßenverlauf folgen. Über diese Straße können Sie einmal ganz um Vyšehrad (13) herumgehen. Falls Ihnen das zu weit ist, gehen Sie rechts den Hügel hinunter, durch das Tor (Schildern Richtung Gorlice folgen) und in die Gorlice Halle (14). Gehen Sie dann durch die Vratislova wieder hinunter, dort befindet sich ein Atelier (15). Biegen Sie an der Hostivítova rechts ab und noch einmal rechts an der Neklanova. Besichtigen Sie Hausnummer 30 mit der kubistischen Fassade (16). Dann über den Zebrastreifen, unter den Gleisen hindurch und links in die Na Slupi. Rechts liegt der Botanische Garten (17). Von hier aus geht's entweder geradeaus zum Emmauskloster (18) oder vom Botanischen Garten mit der Tram oder zu Fuß zum Friedensplatz (Náměstí Míru). Der Fußweg führt am Dvořák Museum (19) vorbei. Dafür gehen Sie rechts durch die Benátska, ein Stück weiter wieder rechts in die Ke Karlovu. Gehen Sie wieder zurück und biegen Sie rechts in die Katerinská bis zur IP Pavlova. Gehen Sie geradeaus weiter in die Jugoslávska, bis Sie am Friedensplatz (20) sind. Sie befinden sich jetzt in der Wohngegend Vinohrady (21) mit vielen Restaurants (22) (23) (24) (25) (26) (27) (28) (29) (30).

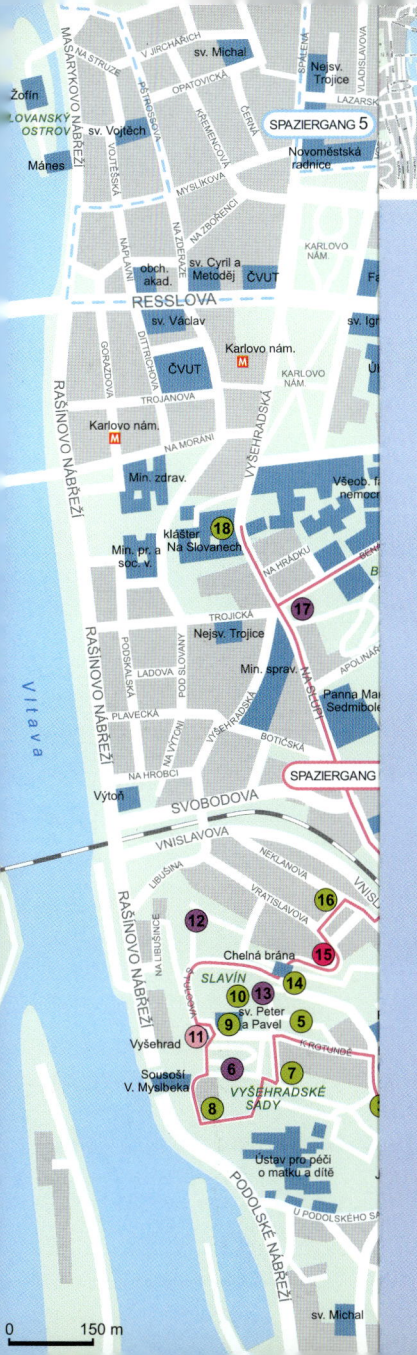

SPAZIERGANG 5

1. Tábor-Tor
2. Souvenirladen
3. Leopoldstor
4. St.-Martins-Rotunde
5. Teufelssäule
6. Gärten von Vyšehrad
7. St.-Laurentius-Basilika
8. Vyšehrad-Galerie
9. St.-Peter-und-Paul-Kirche
10. Vyšehrader Friedhof
11. Rio's Vyšehrad
12. Letni Scena
13. Höchster Punkt der Burg
14. Ziegeltor/Gorlice-Halle
15. Atelier Daičová
16. Kubistische Fassaden
17. Botanischer Garten
18. Emmauskloster
19. Dvořák-Museum
20. Friedensplatz
21. Vinohrady
22. Radost FX
23. Sami Grill
24. Sahara Café
25. Pizzeria La Romantica
26. Mlsnej Kocour
27. Vom Fass
28. Kavárna Medúza
29. Hlučná Samota
30. Riegrovy Sady

Weitere Sehenswürdigkeiten

Wer den Spaziergängen des 100 %-Cityguides folgt, wird die schönsten Sehens-würdigkeiten automatisch entdecken. Aber Prag hat natürlich noch mehr zu bieten. Hier gibt es beispielsweise mehr als achtzig Museen, rund hundert Kunstgalerien und mehr als siebzig Theater und Konzerthallen. Ein Eldorado für Kulturliebhaber!

Hier folgen ein paar weitere 100 %-Tipps. Die Buchstaben dieser Sehenswürdigkeiten finden Sie auf der Übersichtskarte in der vorderen Umschlagseite.

Ⓛ Nicht weit entfernt vom Zentrum liegt der moderne **Prager Zoo** (Zoo Praha), in dem man einen wunderschönen Tag verbringen kann. Der Zoo ist mit dem Bus erreichbar, aber noch mehr Spaß macht es, mit dem Boot dorthin zu fahren. Im Sommer fährt ein Boot ab Rašinovo Nábřežíe (Nummer 2, Spaziergang 5) zum Zoo, die Fahrt dauert 75 Minuten.
u trojského zámku 3, www.zoopraha.cz, telefon: 2 96112111, geöffnet: nov.-febr. 9.00-16.00, märz 9.00-17.00, apr.-mai & sept.-okt. 9.00-18.00, juni-aug. 9.00-19.00, eintritt: erwachsene 150 kč, studenten/senioren/kinder 100 kč, familien 450 kč, straßenbahn: 14, 17 haltestelle troja und dann bus: 112 bis haltestelle zoologiská zahrada, oder mit dem boot: ab rašinovo nábřežíe, boot fährt täglich 1.mai-mitte sept. 9.00, 12.00 und 15.00, fahrpreis: erwachsene kč, kind 80 kč

Ⓜ Geschichtsliebhaber kommen im **Prager Stadtmuseum** (Muzeum Hlavního Města Prahy) voll auf ihre Kosten. Das Museum widmet sich voll und ganz der Geschichte Prags: von der Vorgeschichte bis heute. Besonders interessant ist ein Modell der Stadt, das zeigt, wie Prag zwischen 1826 und 1834 aussah.
na poříčí 52, www.muzeumprahy.cz, telefon: 2 248 167 73, geöffnet: di-so 9.00-18.00, jeden 1. do im monat 9.00-20.00, eintritt: erwachsene120 kč, studenten/senioren 50 kč, u-bahn: florenc

(N) Besuchen Sie abends einmal den musikalischen **Křižíkova-Brunnen**. Hier
gibt es eine Show mit Licht, Musik, Tanz und vielen Wasserfontänen. Die
Lichtshow ist natürlich besonders beeindruckend, wenn es dunkel und warm
ist. Besuchen Sie darum eine der Nachtshows in der Zeit von Mai bis Juli.
u výstavišté 1, www.krizikovafontana.cz, telefon: 7 23665694, geöffnet:
märz-okt. stündlich 20.00-23.00, eintritt: ca. 200 kč, straßenbahn: 5, 12,
14, 15, 17 výstavišté

(O) Futuristisch oder richtig scheußlich? Der **Fernsehturm** (Televizní Vysílač)
ist mit seinen 216 m Höhe auf jeden Fall der höchste Orientierungspunkt in
Prag. Die Aussichtsplattform (mit Restaurant) erreichen Sie mit besonders
schnellen Aufzügen. An klaren Tagen können Sie bis zu 100 km weit sehen!
mahlerovy sady 1, telefon: 2 42418778, geöffnet: täglich 10.00-23.00, eintritt:
erwachsene 150 kč, studenten 120 kč , kinder 60 kč, familien 120 kč, u-bahn:
jiřího z poděbrad

(P) Im **Ausstellungspalast** (Veletržní palác), der 1929 erbaut wurde, hat seit
1995 das Zentrum für Moderne und Gegenwartskunst seinen Sitz. Die Sammlung zeigt unter anderem moderne tschechische Kunst, impressionistische
und postimpressionistische Malerei und Werke von Munch, Klimt, Picasso
und Miró. Die Kollektion ist so groß, dass Sie hier locker einen ganzen Tag
verbringen können.
dukelských hrdinů 47, www.ngprague.cz, telefon: 2 24301111, geöffnet: di-so
10.00-18.00, eintritt: erwachsene 240 kč, studenten/senioren/kinder 120 kč,
familien 350 kč, tram 5, 12, 14, 15, 17 veletržní

(Q) Im erst kürzlich eröffneten **DOX Centre for Contemporary Art** finden
wechselnde Ausstellungen mit so klangvollen Titeln wie "Willkommen im
Kapitalismus!", "Die Zukunft der Zukunft" und "Mein Europa" statt.
poupětova 1, www.doxprague.org, telefon: 7 74145434, geöffnet: mo, mi-fr
11.00-19.00, sa-so 10.00-18.00, eintritt: erwachsene 180 kč, studenten/kinder/
senioren 90 kč, familien 180 kč, straßenbahn: 5, 12, 15 ortenovo náměstí

Ausgehen

Das Prager Nachtleben hat eine Menge zu bieten: Jazzclubs, trendige Cocktailbars oder riesige Discos mit mehreren Dancefloors. Im Wochenblatt *The Prague Post* finden Sie alle Informationen zu Konzerten oder neuen Locations. Es gibt auch eine Onlineausgabe dieser Zeitung: *www.praguepost.cz*.

Tschechien ist für sein Bier (pivo) bekannt. Das deutsche Wort "Pils" kommt ursprünglich aus Tschechien, aus der Stadt Pilsen (Plzeň), wo das erste Pils gebraut wurde. Mit 160 l Bier pro Kopf jährlich trinken die Tschechen weltweit das meiste Bier, und fast jede Stadt hat eine eigene Brauerei. In Prag gibt es aber auch viele Weinkeller. Wenn Sie etwas ganz anderes ausprobieren möchten, fragen Sie nach einem Glas Becherovska. Dieser Kräuterlikör kommt aus dem Kurort Karlovy Vary (Karlsbad) und soll sehr gesund sein.

(R) Die kleine Brauerei **Pivovarský Dům** gibt es seit 1998. Von der Kneipe aus sieht man die Braukessel. Es gibt nicht nur das traditionelle Pils, sondern auch ausgefallene Biersorten wie Bananen-, Kaffee- und Chili-Bier.
lipová 15, www.gastroinfo.cz/pivodum, telefon: 2 96216666, geöffnet: täglich 11.00-23.30, u-bahn: karlovo náměstí

(S) Das **U Malého Glena** ist ein beliebter Treffpunkt, wenn es um Musik geht. Oben gibt es ein Café, in dem man Frühstück, Mittagessen und echtes tschechisches Bier bekommt. Unten befindet sich der kleine, aber sehr gemütliche Jazzkeller. Hier treten jeden Abend lokale Jazz- und Bluesbands auf. Am Sonntag gibt es eine Jamsession. Am besten pünktlich kommen.
karmelitská 23, www.malyglen.cz, telefon: 2 57531717, geöffnet: täglich 10.00-2.00, musik ab 21.00, straßenbahn: 12, 20, 22 malostranské náměstí

(T) Sie suchen eine gute Cocktailbar? Dann gehen Sie am besten in die **Tretter's Bar** und setzen sich in einer der gemütlichen Sitzecken oder direkt an die Bar. Und dannn heißt es: Cocktails probieren! Möchten Sie einen Hemingway Special, einen Dingo oder doch lieber einen sommerlichen Bahama Mama?
v kolkovně 3, www.tretters.cz, telefon: 2 24811165, geöffnet: täglich 19.00-3.00, u-bahn: staroměstska

PIVOVARSKÝ DŮM ®

Ⓤ Den **Club Mecca** kennt jeder in Prag. Schon die ausgefallene Inneneinrichtung ist einen Besuch wert: auffällige Farben, Designersofas und sehr
spezielle Stühle. Hier tanzen Sie zu Techno- und Drum-'n'-Bass-Musik- Seite
an Seite mit Fotomodels, Filmstars und anderen hippen Leuten.
*u průhonu 3, www.mecca.cz, telefon: 2 83870522, für das aktuelle programm
siehe webseite, u-bahn: nádraží holešovice*

(V) Der **Palác Akropolis** ist ein beliebter Prager Treffpunkt, in dem sich ein kleiner Konzertsaal, ein Theater, ein Kino, ein Restaurant, ein Café und zwei Bars befinden. Auf der Webseite steht das komplette Programm: von internationalen Clubnächten bis zum Auftritt von lokalen Rockbands und Theateraufführungen. Unter anderem haben hier Youssou N´Dour, Therapy?, Marianne Faithfull, Heather Nova und The Strokes gespielt.

kubelíkova 27, www.palacakropolis.cz, telefon: 2 96330913, geöffnet: juli-aug. täglich 16.00-0.00, sept.-juni mo-fr 10.00-0.00, sa-so 16.00-0.00, straßenbahn: 5, 9, 26 lipanská

(W) Direkt neben der Karlsbrücke, unten am Fluss, liegt der größte Club Mitteleuropas: **Karlovy Lazně**. Er breitet sich über vier Stockwerke aus und in jedem davon wird eine andere Musik gespielt. Unter anderem können Sie hier Livebands, Discomusik, Musik aus den 60ern, 70ern und 80ern und House, Techno und Drum-'n'-Bass hören.

novotného lávka 1, www.karlovylazne.cz, telefon: 2 22220502, geöffnet: täglich 9.00-5.00, preis: 50-150 kč, straßenbahn: 17, 18 karlovy lázně

(X) Das ehemalige Schlachthaus **SaSazu** ist heute der angesagteste Club von Prag. Hier tanzt man die ganze Nacht durch zu Musik von internationalen DJs, Seite an Seite mit den Szenegängern und Nachtschwärmern von Prag. Den Abend können Sie stilvoll mit einem Essen sowie einem Cocktail im Asia-Restaurant von SaSazu starten.

bubenské nábřeží 306, www.sasazu.com, telefon: 2 84097455, geöffnet: restaurant fr-sa 12.00-1.00, so-do 12.00-0.00, club wechselnd, preis: restaurant 500 kč, eintritt: club wechselnd, u-bahn: vltavská

(Y) Ganze 40 m hoch oben auf dem Dach des Hilton Hotels liegt die Cocktailbar **Cloud 9 Sky Bar & Lounge**. Durch die großen Fenster haben Sie einen fantastischen Blick über die Stadt. Gibt es eine bessere Art, sich von Prag zu verabschieden, als mit einem Cocktail in der Hand und dem Sonnenuntergang vor Augen?

pobřežní 1, www.cloud9.cz, telefon: 2 24842999, geöffnet: mo-sa 18.00-2.00, preis: cocktails ab 160 kč, u-bahn: florenc

KARLOVY LAZNĚ W

Alphabetischer Index

Thematischer Index

DIE 100% CITYGUIDES.

Ausführliche Informationen und aktuelle Tipps zu jedem Ziel finden Sie künftig auch auf unserer Homepage unter **www.100travel.de**.

Dieser 100 %-Cityguide wurde mit größter Sorgfalt zusammengestellt. Mo media ist nicht verantwortlich für eventuelle inhaltliche Fehler. Anmerkungen und/oder Kommentare können unter *www.100travel.de* mitgeteilt oder an die unten stehende Adresse gerichtet werden.

mo media gmbh, betr. 100 % prag
steinstraße 15, 10119 berlin,
e-mail info@momedia.com

autor	mathilde verbaas
koautor	lieke meertens
fotografie	duncan de fey, vincent de vries, karijn kakebeeke
übersetzung	textcase
lektorat	ulrike grafberger
schlussredaktion	norbert westermayer
konzeptgestaltung	studio 100%
gestaltung	mastercolors mediafactory, hilden design, münchen
kartografie	van oort redactie en kartografie
100 % prag	isbn 978-39-4350-208-4
	© mo media gmbh, berlin, märz 2012